SELBSTBEWUSSTSEIN STÄRKEN

Wie Sie durch die richtige Körpersprache und Rhetorik mehr Selbstvertrauen aufbauen und zu einer charismatischen Persönlichkeit werden + Übung für mehr Schlagfertigkeit

Theodor Feilhauer

IMPRESSUM

Originale Erstauflage

Alle Rechte, insbesondere Verwertung und Vertrieb der Texte, Tabellen und Grafiken, vorbehalten.

Copyright 2019 by Cherry Media GmbH

Impressum:

Cherry Media GmbH
Bräugasse 9

94469 Deggendorf
Deutschland

INHALTSVERZEICHNIS

Weitere Informationen sowie kostenfreie
Bonusinhalte finden Sie auf unserer
Verlagswebsite unter:

www.cherryfinance.de

VORWORT UND ERKLÄRUNG DER DREI RUBRIKEN

Dieser Ratgeber ist in drei Rubriken mit vielen Unterkapiteln eingeteilt. Mit jedem einzelnen Kapitel kommen Sie Ihrem Ziel etwas näher. Wichtig ist, dass Sie das Pferd nicht von hinten aufzäumen, sondern jedes einzelne Kapitel der Reihe nach abarbeiten. Dies ist besonders wichtig, da Sie zuerst verstehen sollten, was Selbstbewusstsein überhaupt ist und wie Selbstvertrauen wirkt.

In der ersten Rubrik, dem Einstieg, behandeln wir die einzelnen Begriffe ausführlich. Wir erarbeiten gemeinsam, welche Wege Sie einschlagen können. Sie erfahren hier nicht nur, dass Sie etwas ändern müssen, sondern wie Sie dies auch gut durchziehen können. Sie lernen, sich Ziele zu setzen und dafür auch den bequemen Weg verlassen müssen. Sie erfahren, dass selbstbewusstes Auftreten auch ein kleines Stück Arbeit bedeutet und nicht einfach vom Himmel fällt. Zudem haben wir viele Übungen für Sie vorbereitet, wie Sie durch Meditation, Autosuggestion und Entspannungsübungen Ihr Selbstvertrauen stärken können. Auch erklären wir Ihnen, warum es häufig so wichtig ist, sich von Gewohntem zu trennen.

Weiter geht es anschließend mit dem Training. Hier haben wir für Sie zahlreiche Methoden zusammengestellt, wie Sie einfach und doch sehr effektiv üben können, um mehr Selbstvertrauen und Selbstbewusstsein zu erhalten. Diese Übungen können Sie alleine und immer wieder absolvieren. Hier führen wir Sie durch Lesetrainings, Sprachtrainings und Rhetorik-Trainings. Eines ist sicher. Wir präsentieren uns über unsere Worte. Daher ist es wichtig, auch sprachlich sattelfest zu sein. Mit unseren simplen Übungen wird Rhetorik zum Kinderspiel.

Im dritten Kapitel, der Verwirklichung geht es darum, die Stärken und Vorzüge zu erkennen und zu zeigen und die eigenen Erfolge auch durchaus zu feiern. Sie können stolz darauf sein, wie weit Sie in der Zwischenzeit gekommen sind, und was Sie bereits alles geschafft haben. In einem Kapitel dieser Rubrik befassen wir und mit dem Thema vom Idol zum Ebenbürtigen. Garantiert werden Sie sich zu diesem Zeitpunkt in einigen Beispielen wieder erkennen. Verblüfft werden Sie auch sein, dass sich Menschen, die Sie vor einigen Wochen noch ehrfurchtsvoll bewundert haben, plötzlich auf gleicher Wellenlänge befinden. Alles in allem befinden Sie sich auf einem guten Weg, alleine schon deshalb: Sie haben erkannt, wie wichtig es ist, das eigene Selbstbewusstsein zu stärken. Nicht für andere, sondern für sich selbst.

In diesem Sinne wünschen wir Ihnen viel Freude mit diesem Ratgeber und guten Erfolg. Vergessen Sie eines nicht: Blicken Sie immer positiv nach vorne und lassen Sie sich auch durch kleine Rückschläge nicht unterkriegen. Vor allem, bleiben Sie sich selbst treu. Denn nur wer sich selbst treu bleibt, kann selbstbewusst Stärke zeigen.

Was ist Selbstbewusstsein?

Blickt man in den Duden oder informiert man sich bei Wikipedia und Co, so sieht man, Selbstbewusstsein ist ein breit gefächerter Begriff. Laut Duden handelt es sich um das Bewusstsein, sich selbst als frei denkenden Menschen zu sehen. Dies geht einher mit der festen Überzeugung, an sich selbst, die eigene Persönlichkeit und die eigenen Fähigkeiten zu glauben.

Dies bedeutet nichts anderes als zu wissen, wer man ist. Sie sollen sich selbst als den Menschen akzeptieren, der Sie sind. Dazu gehören alle Fehler und Schwächen. Denn auch Menschen mit dem größten Selbstbewusstsein haben natürlich Schwächen. Vergessen Sie jedoch nie, dass Sie ein Unikat sind. Sie sind einzigartig und individuell. Nur wenn Sie Ihre Fehler, Ihre Schwächen und auch Ihre Stärken kennen, können Sie daran arbeiten. Fehler und Schwächen können ausgeglichen werden, und positive Eigenschaften verstärkt werden.

Selbstbewusstsein hat sehr viel mit Selbstliebe und Akzeptanz zu tun. Glauben Sie an sich selbst und daran, dass Sie alles schaffen können. Selbstbewusstsein hat jedoch nichts mit Ihrem Status zu tun. Egal ob Sie arm oder reich sind, ob Sie in einem Büro, an der Kasse im Supermarkt oder als Manager in einem großen Konzern arbeiten - alle Menschen haben die gleichen Voraussetzungen, sich selbstbewusst zu präsentieren.

Selbstbewusstsein definiert sich nicht in materiellen Werten. Sie können genauso gut jeden Tag stolz mit dem Fahrrad zur Arbeit fahren und sind deswegen nicht weniger wert als der Nachbar, der mit seinem Porsche in die Firma düst. Selbstbewusstsein ist nämlich genau das Gegenteil. Wer selbstbewusst ist, benötigt keine Statussymbole um sich besser zu fühlen. Sie müssen sich nicht hinter Masken verstecken und sich täglich ein lachendes Gesicht aufmalen.

Wenn Sie selbstbewusst sind, tragen Sie mit stolz die Jeans, die vielleicht schon 10 Jahre alt ist. Es muss nicht die neueste Kollektion des angesagten Designers sein, die Ihr Selbstbewusstsein steigert. Sie selbst sind es. Sie machen die Person aus, die mit Charme, Charakter und Charisma überzeugt.

Lassen Sie uns doch gemeinsam hinter die Kulissen blicken. Meist sind genau diese Menschen, die mit materiellen Dingen auftrumpfen jene, die eigentlich zu wenig Selbstbewusstsein besitzen. Häufig wird genau dies mit Geld und Werten kompensiert. Nicht umsonst legen sich viele Männer, oder auch Frauen, in der Midlife Crisis einen teuren Sportwagen zu. Dadurch wollen sie davon ablenken, dass vielleicht die Schönheit der Jugend etwas nachgelassen hat. Attraktivität, Jugend und Elan werden durch andere Werte ersetzt. Wer jedoch selbstbewusst ist, kann auf diese Dinge getrost verzichten. Humor, Intelligenz, Ehrlichkeit, Lebensfreude und Esprit sind bei weitem anziehender, als ein roter Flitzer mit 300 PS, ein Penthaus oder eine Jacht.

Der erste Weg zu mehr Selbstbewusstsein ist nun, dies zu erkennen. Weder Ihr Bankkonto, noch Ihr Freundeskreis bestimmen, wie selbstbewusst Sie in Wirklichkeit sind. Natürlich, all diese Dinge können über Mankos hinwegtäuschen. Wer jedoch genau hinsieht der erkennt rasch, dass diese Dinge in Wirklichkeit nichts mit Selbstbewusstsein zu tun haben. Sie können Selbstbewusstsein genauso wenig kaufen, wie echte Liebe, Treue und Freundschaft erkauft werden können.

Selbstbewusstsein ist nicht angeboten. Es liegt nicht in den Genen, obwohl bereits in der frühen Erziehung die Wege in die richtige Richtung gelenkt werden können. Dazu kommen wir jedoch später im Kapitel Selbstvertrauen. Dass Training und Übung viel zu einem besseren Selbstbewusstsein beitragen kann, können wir auch in der Tierwelt beobachten. Sehr gut zeigt sich das zum Beispiel bei Hunden. Nicht nur, dass die Vierbeiner ihr Selbstbewusstsein häufig mit einem stolz erhobenen Schwanz zeigen, auch in der Hackordnung macht sich das Selbstvertrauen der Vierbeiner bemerkbar. Tiere mit wenig Selbstvertrauen stehen am unteren Ende der Nahrungskette und werden häufig zu Opfern. Sie sind die letzten am Futternapf und müssen bei Revier-Kämpfen gehörig einstecken. Sie können schlechter eine Bindung zu Herrchen und Frauchen aufbauen und haben auch beim Sozialisieren gehörig Schwierigkeiten. In der Tierwelt kann es sogar soweit kommen, dass Geschöpfe mit wenig Selbstbewusstsein unberechenbar werden. Sie schnappen aus Angst zu und trainieren sich ein Verhalten an, welches diesen Mangel kompensieren soll. Dies zeigt, dass Training für mehr Selbstbewusstsein sowohl für Mensch, als auch für Tiere absolut wichtig ist.

Selbstbewusstsein bedeutet, dass Sie sich von Ängsten befreien. Ängste sind die größten Hemmer für unser Selbstbewusstsein. Wie oft sind Sie vielleicht an einer Situation gescheitert, die rein von Ängsten Bestimmt war. Egal ob Sie vor einer Gruppe einen Vortrag halten sollten, öffentlich Ihre Meinung sagen wollten, oder an einem Ausflug nicht teilnehmen konnten, nur weil die Angst als Hindernis im Weg stand. Damit gilt es aufzuräumen.

Ängste entstehen in unseren Köpfen. Sobald Sie eine Angst überwunden haben, werden Sie feststellen, dass alles nur halb so schlimm war. Egal ob es die Wanderung über eine große Hängebrücke ist, die Rede vor den Mitarbeitern oder eine Situation, in der

Sie jemanden verteidigen mussten. Im Nachhinein werden Sie feststellen, dass alles nur halb so schlimm war. Sobald Sie eine Angst überwunden haben, zerplatzt diese wie die sprichwörtliche Seifenblase und verschwindet in der Unendlichkeit. Stattdessen macht sich ein dicker fetter Pluspunkt auf Ihrem Konto für Selbstbewusstsein breit.

Um eine Angst überwinden zu können, müssen Sie der Sache jedoch erst auf den Grund gehen. Woher kommen die Ängste? Niemand wird als Angsthase geboren. Ängste entstehen im Kopf. Sie sind somit reine Einbildung. Wenn Sie dagegen jedoch nichts unternehmen, können sich die Ängste immer fester in Ihr Gehirn manifestieren.

Eruieren Sie, wovor Sie Angst haben. Machen Sie sich dazu ruhig eine Liste. Diese ist wichtig auf dem Weg zu mehr Selbstbewusstsein. Seien Sie hier jedoch absolut ehrlich und schonungslos zu sich selbst. Führen Sie all Ihre Ängste auf und genieren Sie sich nicht. Niemand außer Ihnen kann diese Liste sehen.

Diese Liste kann die Angst vor Spinnen oder Hunde beinhalten, oder Sie listen Ihre Angst vor Kritik oder Zurückweisung auf. Haben Sie Angst im Dunkeln, Angst vor dem Alleinesein, oder Angst davor, anderen nicht zu gefallen? All diese Punkte werden nun auf die Liste gesetzt. Nun beginnen Sie zu überlegen, woher diese Ängste kommen. Denn auch Ängste fallen nicht vom Himmel. Überlegen Sie, wie Sie diese Ängste nun überwinden können.

Fangen Sie das nächste Mal einfach die Spinne, die in der Badewanne sitzt. Sie müssen jetzt nicht zum Spinnen-Liebhaber mutieren, es reicht, wenn Sie diese fangen und entsorgen. Sie können dabei auch ruhig laut schreien. Brüllen Sie Ihre Ängste heraus. Streicheln Sie den Hund der Nachbarin, gehen Sie nachts im Dunkeln auf die Toilette oder gerne auch einmal ungeschminkt zum Einkaufen. Sie werden sehen, die Welt bleibt deshalb nicht stehen. Es passiert nichts. Sie werden weder an Herzinfarkt sterben, noch werden Sie von irgendjemandem ausgelacht - und wenn, dann sollten Sie es auch einfach hinnehmen - das mit dem Auslachen.

Haben Sie erst eine Angst überwunden, so wird es Ihnen immer leichter fallen, auch die anderen Ängste in Angriff zu nehmen. Beginnen Sie ruhig mit der kleinsten Angst. Jedes überwundene Hindernis ist ein kleiner Erfolg und Sie werden sehen, wie gut Sie sich danach fühlen. Wichtig ist, dass Sie die Ängste offensiv in Angriff nehmen. keine Angst verschindet einfach so. Verlassen Sie Ihre passive Haltung und werden Sie aktiv. Natürlich ist das nicht einfach, doch wie bei allem im Leben - es gibt nichts umsonst.

Wenn Sie bis jetzt durchgelesen haben, sollten Sie genau jetzt Papier und Bleistift zur Hand nehmen und damit beginnen, Ihre Ängste zu notieren. Überspringen Sie bitte diesen wichtigen Schritt nicht, denn auf dem Weg zu mehr Selbstbewusstsein müssen Sie Step by Step viele Sprossen einer Leiter empor klettern.

Was ist Selbstvertrauen?

Beim Selbstvertrauen handelt es sich zu 80% um die Eigenschaft, die während der sogenannten Prägungsphase zwischen dem ersten und fünften Lebensjahr antrainiert wird. Wie der Wortstamm verrät steht hier das Vertrauen in sich selbst, aber auch in die Umwelt im Vordergrund. Das Selbstvertrauen wird in den ersten Jahren anhand der Erlebnisse und auch der Erziehung gespeichert. Religion und Glaubenssätze spielen hierbei neben der Erziehung durch die Eltern und das soziale Umfeld eine große Rolle. An Selbstvertrauen gewinnen Kinder auch, wenn Sie im Kindergarten, in Spielgruppen und in der Familie akzeptiert und gut behandelt werden. Eine negative Entwicklung stellt sich hier sehr früh bei Kindern ein, die von Klein an gemobbt werden.

Eltern tragen nicht die gesamte Schuld auf sich, wie sich Menschen entwickeln. Auch wenn es ein gern vorgeschobenes Argument ist, sich auf eine schlechte Kindheit zu berufen. Bezüglich Selbstvertrauen sind die Eltern und Erziehungsberechtigte jedoch maßgeblich beteiligt. Während der ersten Lebensjahre übernehmen Sie sehr stark, wenn auch unterbewusst, die Verhaltensmuster der Eltern.

Eltern mit wenige Selbstvertrauen und Selbstbewusstsein übertragen dies automatisch auf die Kinder. Auch übermäßige Strenge und viele Zurechtweisungen wirken sich in dieser Phase negativ auf das Selbstvertrauen aus. Ewiges schlecht machen, a la böses und schlechtes Kind, verankern sich für lange Zeit in unseren Köpfen. Jedes Mal, wenn ein Kind beschimpft und beschämt wird, bröckelt ein Teil des erst dünnen Selbstvertrauens ab. In diesem Alter verwurzeln sich Schuldgefühle, die häufig bis ins Alter nicht mehr loszuwerden sind.

Weitere Informationen sowie kostenfreie Bonusinhalte finden Sie auf unserer Verlagswebsite unter:

www.cherryfinance.de

Selbstvertrauen bei Kindern stärken

Für unsere kommenden Generationen ist es wichtig, dass Sie auch lernen, Selbstvertrauen und Selbstbewusstsein bereits in Kindern aufzubauen und zu stärken. Dabei ist dies keine schwierige Aufgabe und keine Hexerei. Im Gegenteil, wenn Sie in Kindern Selbstvertrauen stärken, vergrößern Sie gleichzeitig auch das eigene.

Selbstbewusste kleine Menschen wachsen zu glücklichen Erwachsenen heran. Mit einem gesunden Selbstbewusstsein lässt sich das Leben einfach besser gestalten. Diese Menschen sind erwiesenermaßen erfolgreicher, da sie sich nicht von den eigenen Schwächen ausbremsen lassen, sondern diese als Teil des eigenen Charakters akzeptieren.

Wer selbstbewusst erzogen wird, hat später keine Hemmungen, die eigene Meinung zu sagen und auch dahinter zu stehen. Selbstbewusste Kinder sind offen für Neues, gehen ohne Vorurteile auf andere zu und schließen schneller Freundschaften. Ein gesundes Selbstbewusstsein und Selbstvertrauen wirkt sich auch auf die Gesundheit aus. Viele der heutigen Krankheiten wie Burnout und Depressionen lassen sich durch den Aufbau von Selbstvertrauen vermeiden. Auch Angststörungen haben bei selbstbewussten Menschen keine Chance.

Kinder mit Selbstvertrauen geraten auch weniger häufig auf die schiefe Bahn. Sie müssen sich nicht durch Mutproben profilieren und greifen weniger häufig zu Alkohol und Drogen. Selbstvertrauen schützt zudem vor Mobbing, Missbrauch und Gewalt, da diese Menschen gelernt haben, "nein" zu sagen.

Wenn Sie Ihre Kinder selbstbewusst erziehen, helfen Sie ihnen dabei, zu glücklichen Menschen heranzuwachsen, die ihre eigenen Ideen und die eigene Kreativität nutzen können. Sie helfen Kindern, zu harmonischen Erwachsenen heranzuwachsen, die generell weniger Probleme, vor allem im sozialen Bereich, haben.

Die wichtigsten Punkte für einen gemeinsamen selbstbewussten Weg von Eltern und Kindern ist, gemeinsam zu lachen, jedoch die Kinder niemals auszulachen. Wer von Klein an immer ausgelacht wird, traut sich später nicht mehr, seine Ideen oder Gedanken zu verraten.

Versuchen Sie bitte stets, sich auf das Positive zu fokussieren. Natürlich machen Kinder Fehler. Erwachsene sind jedoch dazu da, die Kinder an der Hand zu nehmen und ihnen zu zeigen, wie diese Fehler vermieden werden können. Einer der häufigsten Fehler ist, immer wieder auf den negativen Dingen herumzureiten. Schwächen und Fehler sollten niemals vor anderen ins Lächerliche gezogen werden.

Bedingungslose Liebe ist natürlich auch hier das A und O. Zeigen Sie Ihrem Kind täglich, dass Sie stolz sind, ein so tolles Kind zu haben. Dadurch stärken Sie gleichzeitig Ihr eigenes Selbstvertrauen, denn Sie haben es geschafft, ein starkes Kind großzuziehen.

Sowohl Kinder, als auch Erwachsene benötigen Aufmerksamkeit und Achtsamkeit. Gerade in der heutigen Zeit der Digitalisierung ist es wichtig, dass Mitmenschen und vor allem Kinder nicht nur nebenher laufen. Das bedeutet, bei einem Gespräch, beim gemeinsamen Mittagessen oder anderen Aktivitäten sind Mobiltelefon, Internet und TV absolut Tabu.

Lehren Sie den Kindern, dass es durchaus in Ordnung ist, auch einmal schwach zu sein. Tränen und Kummer gehören zum Leben dazu. Es ist wichtig, dass auch kleine Menschen lernen, dass alle Gefühle zum Leben gehören. Niemand muss sich seiner Tränen schämen, oder diese gar verstecken. So wird das Vertrauen, und auch das Selbstvertrauen gestärkt. Dies gilt auch für schlechte Laune. Niemand muss den ganzen Tag hindurch lachen. Es ist wichtig, dass sämtliche Gefühle der Palette zugelassen werden dürfen.

Lassen Sie Kinder mithelfen. Übertragen Sie kleine Aufgaben und akzeptieren Sie, dass nicht immer alles glatt gehen kann. Missgeschicke passieren. Diese gehören zum Leben. Machen Sie Kinder nicht klein, nur weil der Teller zerbrochen ist, oder eine Aufgabe nicht auf Anhieb klappt. Vergessen Sie nicht auf Lob. Jeder benötigt Lob und Anerkennung, egal in welchem Alter.

Lernen Sie den Kindern, eigene Grenzen zu setzen. Kinder sollen von Klein an lernen, dass es in Ordnung ist, sich aus Situationen zurückzuziehen, in welchen sie sich nicht wohl fühlen. Sei es im Umgang mit speziellen Mitmenschen oder beim Teilen von Spielzeug. Sprechen Sie mit Ihrem Kind darüber, warum es vielleicht das ein oder andere Spielzeug nicht mit der Freundin teilen möchte. Kinder die früh lernen Grenzen zu setzen, lassen sich auch später nicht so einfach unterdrücken und trauen sich zu "nein" zu sagen. So vermeiden Sie, dass Ihr Kind später das beliebte Opfer wird, das von allen ausgenutzt wird.

Lügen Sie Ihr Kind nicht an. Es gibt Situationen im leben, die unangenehm sind. Natürlich wird es beim Zahnarzt weh tun und auch eine Spritze wird als unangenehm empfunden werden. Wenn Sie vor dem Arztbesuch behaupten, es würde nichts geschehen, dann verlieren Sie so schnell das Vertrauen. Ihr Kind wird später auch in anderen Situationen an Ihrer Ehrlichkeit zweifeln.

Seien Sie dem Kind, und auch anderen Mitmenschen immer ein Vorbild. Versuchen Sie, niemanden zu kommandieren, zu bevormunden, zu bestrafen oder auszulachen. Dadurch haben Kinder und auch Ihre Mitmenschen keine Angst, in Ihrer Gegenwart Fehler zu machen. Gehen Sie mit anderen

Mitmenschen immer so um, wie Sie selbst behandelt werden möchten. Das macht Sie zu einem sympatischen Menschen. Sympatische Menschen werden geschätzt und geliebt. Dadurch wird nicht nur Ihr eigenes Selbstvertrauen, sondern auch das der Mitmenschen gestärkt.

Warum Ängste der größte Feind des Selbstvertrauens sind

Wenn Sie vor etwas Angst haben, so steht Ihnen diese Angst im Weg. Ängste hemmen uns und halten uns auf, Dinge zu tun, die wir eigentlich möchten. Wenn Sie Ihren Ängsten ständig nachgeben, nehmen Sie sich selbst die Chance, neue Erfahrungen zu machen. Natürlich erscheint manches unüberwindbar. Doch nur wenn Sie es versuchen, dann finden Sie heraus, ob die Situation nicht doch zu meistern wäre. Meist entpuppen sich diese Ängste später nur als harmloser Schatten, über den Sie vielleicht sogar lachen können.

Stellen Sie sich die Angst bildlich vor. Lassen Sie in Ihren Gedanken die Angst wie ein großer Stein an einer Kette an Ihrem Bein hängen. Nun greifen Sie aktiv ins Geschehen ein. Befreien Sie sich von der Kette, werfen Sie den Stein über Bord und schreiten Sie befreit voran. Alleine durch dieses bildliche Training werden Sie sich besser fühlen und wachsen. Dieses Training können Sie mit sämtlichen Ängsten absolvieren. Stellen Sie sich die Ängste als Ballast vor, den Sie abwerfen. Gehen Sie dabei tief in sich. Fühlen Sie, wie Sie sich befreit und leicht fühlen, sobald dieser Ballast abgeworfen wurde. Vergessen Sie nie sich selbst zu ermutigen. Sie können alles schaffen.

Was ist überzogenes Selbstbewusstsein?

Das überzogene Selbstbewusstsein ist das genaue Gegenteil von mangelndem Selbstbewusstsein. Während sich schüchterne Menschen mit wenig Selbstvertrauen klein und schwach fühlen, halten sich Menschen mit überzogenem Selbstbewusstsein für unbesiegbar und denken, sie sind besser als alle anderen.

Sie steigern Ihr Selbstbewusstsein nicht dadurch, dass Sie die negativen Erfahrungen auf andere umwälzen. Das bedeutet, wenn Sie sich unterdrückt fühlen, beginnen Sie nicht, plötzlich andere zu unterdrücken. Selbstbewusstsein hat nichts mit Überlegenheit zu tun. Niemand muss sich vor anderen profilieren um selbst besser zu wirken. Machen Sie andere nicht klein, nur um selbst größer zu erscheinen. Wachsen Sie an den Stärken der anderen.

Auch eine große Klappe und ein großkotziges Auftreten haben so gar nichts mit Selbstbewusstsein zu tun. Angeber und Egoisten sind in den wenigsten

Fällen wirklich selbstbewusst. Meist versteckt sich eine sehr verletzliche Seele hinter dieser Fassade. Zu lautes Auftreten soll nur über gewisse Defizite hinwegtäuschen. Machen Sie nicht den Fehler und verwechseln Sie dies mit echtem Selbstbewusstsein. Wer sich auf Biegen und Brechen ständig in den Vordergrund drängen muss, der ist schlicht und einfach oberflächlich.

Schwätzer, Unterdrücker, Tyrannen und Diktatoren leiden unter einem überzogenen Selbstbewusstsein. Diese Menschen haben es meist nicht gelernt, ein echtes Selbstvertrauen aufzubauen und versuchen, die Welt und die Mitmenschen mit lauten Tönen und aggressiven Taten zu beherrschen. Diese Menschen haben meist eine enorm große Angst davor, andere hinter die Fassade blicken zu lassen. Dahinter verbergen sich Ängste und Sorgen.

Lassen Sie sich von diesen Menschen nicht einschüchtern und nehmen Sie diese auch nicht als Vorbild. Generell sollten Sie lernen, sich niemals mit anderen zu vergleichen. Sie sind einzigartig mit all Ihren Fehlern, Schwächen und Stärken. Nur weil andere Menschen in gewissen Situationen anders, vielleicht stärker auftreten, bedeutet dies noch lange nicht, dass dieser Weg auch für Sie der richtige ist.

Stehen Sie aufrecht und sagen Sie Ihre Meinung, ohne diese jedoch mit einem Megaphon in die Welt zu brüllen. Glänzen Sie mit Ihren Erfolgen, ohne dabei jedoch andere klein zu machen. Anstatt andere zu unterdrücken, strecken Sie die Hand aus und helfen Sie strauchelnden Mitmenschen auf. Dies ist wahre Größe und zeugt von einem gesunden Selbstbewusstsein.

Vergessen Sie Oberflächlichkeit. Nicht die äußere Schönheit, sondern die inneren Werte sind es, worauf es ankommt. Das perfekt geschminkte Gesicht, die ideale Figur und die gestylte Frisur sind nur Äußerlichkeiten. Sie sollten lernen, auch ohne diesem Rahmen selbstbewusst auftreten zu können. Nur durch oberflächliche Veränderungen, ändern Sie Ihr Leben nicht. Natürlich werden Sie von der Umwelt erst positiv wahrgenommen. Doch denken Sie immer daran, dass jeder hinter die Fassade blicken kann. Sind erst die Masken gefallen, so bleibt nichts anderes übrig als Sie selbst. Dadurch können Sie schnell als Betrüger entlarvt werden. Dies führt wieder zu einem Rückschlag, denn Sie fühlen sich ertappt und schlecht. Daher ist es wichtig, keine Rolle zu spielen, sondern Ihr gesamtes Leben und Ihren Mindset von Grund auf zu ändern. Es spricht natürlich nichts gegen ein gepflegtes Äußeres, Sie sollten jedoch stets daran denken, dass Optik nicht alles ist. Ganz wichtig ist zudem, dass Sie sich in Ihrer haut wohl fühlen und mit all Ihren Ecken und Kanten akzeptieren. Wer immer nur eine Rolle spielt, kann sich bald mit sich selbst nicht mehr identifizieren.

WAS IST MINDSET?

Mindset ist ein Trendbegriff, der in letzter Zeit immer häufiger als der einzig wahre Schlüssel zum Erfolg angepriesen wird. Doch was steckt dahinter?

Mindset bedeutet übersetzt Denkweise und bezeichnet die Art, wie wir unser Denken steuern und auslegen. Im Großen und Ganzen dreht sich hier alles um die Macht der positiven Gedanken. Doch so einfach ist es nicht, denn die rosarote Brille alleine hilft in vielen Situationen auch nicht.

Mindset beschreibt unsere innere Einstellung und die Haltung verschiedenster Dinge gegenüber. Unser Denken ist dafür verantwortlich wie wir und fühlen und wie wir im Zuge daraus handeln. Somit ist es also wichtig, den Mindset positiv auszurichten. Um damit beginnen zu können, sollten Sie sich zuerst bewusst werden, welche alten Denkmuster Sie verändern möchten oder sollten.

Wenn Sie stets im Vorfeld denken: "Das geht nicht gut aus" oder "Das wird nichts" - dann setzen Sie bereits die denkbar schlechtesten Voraussetzungen. Positives zieht Positives an und Negatives ist ein Magnet für Negatives. Hier können Sie den Blick ruhig etwas über den Tellerrand in Richtung Universum schweifen lassen. Hier gilt die Regel, alles im Leben positiv zu formulieren.

Doch wie können Sie sich von negativen Gedanken lösen? Zuerst gilt es, die negativen Gedanken herauszufiltern. Sind sie erst entdeckt ist der nächste Schritt, herauszufinden, woher sie kommen und warum. Häufig sind diese mit negativen Erfahrungen aus der Vergangenheit verbunden. Doch nur, weil Jahre zuvor eine ähnliche Situation schlecht ausgegangen ist, bedeutet dies nicht, dass dies nun für immer und ewig so sein muss. Diese Niederlagen waren eine Prüfung, eine Phase und eine Stufe, haben jedoch nichts mit der Zukunft zu tun. Sie müssen lernen an den Niederlagen zu wachsen.

Ein Beispiel dafür ist vielleicht ein Vortrag oder ein Referat in der Schule, welches ordentlich in die Hose gegangen ist. Nur weil Sie einmal schlecht vorbereitet oder zu aufgeregt waren bedeutet dies nicht, dass Sie nie wieder in Ihrem Leben eine gute Rede vor Publikum halten können. Ganz im Gegenteil. Bereiten Sie sich vor, eruieren Sie, warum es damals nicht geklappt hat und sagen Sie sich: "Mit dieser tollen Vorbereitung kann es nur ein Erfolg werden".

Programmieren Sie Ihr Mindset dahingehend, dass Sie alles schaffen können. Vergessen Sie jedoch nie, dass Sie es sich auch verdienen müssen. Vorbereitung, Einsatz und Training gehören da unbedingt dazu. Es reicht nicht, dieses Kapitel zu lesen und schon werden Sie unbesiegbar. Auch sollten Sie nicht vor immer wieder neuen

Herausforderungen zurückschrecken. Seien Sie mutig und stellen Sie sich neuen Aufgaben. Auch wenn es bedeutet, dass ein ordentliches Stück Arbeit dahinter steckt.

Lernen Sie, mit Ihren Niederlagen umzugehen. Sie müssen die Niederlagen nicht verbergen oder leugnen. Stehen Sie dazu, jedoch mit dem Beisatz, daraus gelernt zu haben. Sehen Sie jeden Fehler als Chance sich zu verbessern. Bleiben Sie wissbegierig und neugierig. Sehen Sie Training und Übung nicht als Anstrengung an. Freuen Sie sich darauf, Neues lernen zu können.

Der richtige Mindset macht Sie nicht nur selbstbewusst, sondern auch erfolgreich. Selbstbewusstsein und Erfolg gehen Hand in Hand. Definieren Sie Ihren Mindset für sämtliche Sparten des Lebens neu. Sehen Sie Ihre Erfolge im Beruf, in der Liebe und im zwischenmenschlichen Bereich deutlich vor sich. Trennen Sie sich von allen alten Denkmustern und schlagen Sie neue Wege ein. Wichtig ist, dass Sie auch hier ständig am Ball bleiben. Das Leben ist Veränderung und so gilt es auch den Mindset immer weiter zu entwickeln.

Gehen Sie aktiv auf Neues zu und freuen Sie sich auf Herausforderungen. Dabei sollten Sie jedoch nichts übereilen und auf keinen Fall ungeduldig mit sich selbst werden. Anstatt sich von Rückschlägen verunsichern zu lassen sollten Sie sich stets vorsagen, dass es von Tag zu Tag besser wird.

Motivieren Sie sich selbst und seien Sie ruhig stolz, wenn kleine Etappen geschafft sind.

Laufen Sie nicht davon, wenn etwas unmöglich erscheint. Stellen Sie sich der Herausforderung und treten Sie ihr mit erhobenem Haupt entgegen. Bleiben Sie jedoch immer ehrlich zu sich selbst. Sie können nicht von heute auf morgen einen Marathon laufen, nur weil Sie Ihren Mindset auf sportlichen Erfolg programmiert haben. Der Erfolg kommt in kleinen Schritten.

Die drei Wege zum glücklichen Leben

Jeder Mensch hat Erwartungen. Nicht nur in sich selbst, sondern auch in seine Mitmenschen. Werden Ihre Erwartungen ständig enttäuscht? Dann sollten Sie überlegen, woran es liegt. Vielleicht sind Ihre Erwartungen einfach zu hoch. Sie können nicht erwarten, dass ein Blumentopf aus Keramik plötzlich aus Gold besteht. Genauso wenig dürfen Sie erwarten, dass der Job im Lager sich plötzlich zur Anstellung im gehobenen Management entwickelt. Erwarten Sie nicht, bereits morgen eine Fremdsprache perfekt zu beherrschen, obwohl Sie heute erst damit begonnen haben, diese zu lernen.

Überlegen Sie genau, inwiefern Sie Ihre Erwartungen verändern sollten. Dabei dürfen Sie diese auf keinen Fall auf ein tiefes Niveau herunterschrauben. Es gilt lediglich diese Erwartungen neu zu formulieren und zu adaptieren. Durch Engagement und fleißiges Arbeiten haben Sie die Chance zu beruflichem Aufstieg. Ergreifen Sie die Möglichkeiten an Fortbildungen teilzunehmen und verbessern Sie so Ihre derzeitige Arbeitssituation Step by Step. Setzen Sie sich stets realistische Ziele. Definieren Sie diese konsequent und halten Sie diese ebenso ein. Sie können natürlich nach den Sternen greifen, die Treppe hinauf müssen Sie jedoch selbst bauen.

Wenn Sie jedoch durch veränderte Erwartungen keine deutliche Verbesserung erkennen können, wird es vielleicht Zeit, die Umgebung zu ändern. Sobald Sie erkennen, dass auch mit viel Fleiß und Anstrengung keine berufliche Verbesserung möglich ist, sollten Sie sich nach einem neuen Betätigungsfeld umsehen. Es macht keinen Sinn, sich täglich darüber zu ärgern, dass Sie nicht voran kommen.

Wenn Sie sich jahrelang über den schlecht bezahlten Job beschweren, jedoch nichts dagegen unternehmen, machen Sie sich lächerlich. Wenn Sie unglücklich in Ihrer Beziehung sind, ohne Erfolg alles versucht haben, um diese besser zu machen, hilft oft nur ein klarer Schnitt. Brechen Sie aus. Verändern Sie Ihre Umgebung und Ihr Umfeld. Haben Sie keine Angst davor, denn es kann nur besser werden. Jetzt sind Sie unzufrieden. Wenn Sie etwas ändern, kann dies nur ein Schritt in eine bessere Zukunft sein.

Vielleicht liegt es aber nicht an Ihren Erwartungen oder an Ihrem Umfeld. Vielleicht liegt es auch an Ihnen selbst. An diesem Punkt angelangt ist es wichtig, dass Sie absolut ehrlich zu sich selbst sind. Liegt der mangelnde Erfolg vielleicht daran, dass Sie im Beruf zu wenig Engagement zeigen? Gehören Sie eher zu den Mitläufern, die sich nie durch eigene Ideen profilieren? Kommt es in der Beziehung häufig zum Streit, weil Sie einfach zu keinen Kompromissen bereit sind, oder zu wenig Nähe zulassen?

Auch hier ist es sehr hilfreich, wenn Sie sich eine Liste anlegen und Punkt für Punkt abarbeiten und notieren. So gehen Sie der Sache auf den Grund und können einen Ansatz für eine Veränderung finden. Wenn Sie wirklich ehrlich zu sich selbst sind, werden Sie erkennen, dass häufig die Ursache in Ihnen selbst zu finden ist. Dies zu erkennen ist der beste Weg, um sich zu ändern.

Wenn Sie sich nun fragen, was Mindset mit Selbstbewusstsein zu tun hat, dies ist ganz einfach zu erklären. Positives Denken macht glücklich und glückliche und zufriedene Menschen können mit mehr Selbstvertrauen durchs Leben gehen.

Die Geschichte vom Charisma

Garantiert kennen Sie einige dieser Menschen, sobald diese einen Raum betreten, scheint die Sonne aufzugehen. Diese Menschen ziehen andere in ihren Bann und üben eine fast magische Faszination aus. Diese Menschen scheinen auch in allen Bereichen des Lebens absolut erfolgreich zu sein. Sie wirken rundum glücklich und zufrieden und alles scheint zu klappen. Beruflich erfolgreich, in einer glücklichen Beziehung und im Freundeskreis stets der Mittelpunkt zu sein - dies hat viel mit Charisma zu tun.

Auch Charisma ist nicht unbedingt angeboren. Charisma beschreibt die Ausstrahlung und Wirkung, die Sie auf andere Menschen haben, und auch dies lässt sich trainieren. Denn eigentlich geht es beim Charisma nur darum, wie Ihre Mitmenschen Sie wahrnehmen. Merkmale eines charismatischen Menschen sind Lachen, Inspiration, Individualität, Intellekt und Motivation. Wenn Sie an Ihrem Selbstwertgefühl und an Ihrer Liebe zu sich selbst arbeiten, steigt auch die charismatische Ausstrahlung.

Charisma setzt sich jedoch aus einigen zusätzlichen Eigenschaften zusammen. Neben dem selbstbewussten Auftreten sollten Sie auch an Ihrer Präsenz arbeiten. Auch Körpersprache, Mut und Empathie spielen hier eine wichtige Rolle. Versuchen Sie hilfsbereit zu sein und zeigen Sie Einfühlungsvermögen. Seien Sie gerecht und ehrlich und bleiben Sie bescheiden. Zielstrebigkeit und Verantwortungsbewusstsein sind ebenfalls Merkmale, die eine charismatische Person ausmachen. Versuchen Sie andere Menschen zu motivieren und ihnen als Inspiration zu dienen. Ein fester, offener Blick, ein charakterstarker Händedruck und eine offene Haltung anderen gegenüber wirken hier wahre Wunder.

Werden Sie zu einem guten Zuhörer. Dadurch zeigen Sie Präsenz. Nichts ist schlimmer als ein Gesprächspartner, der einem Dialog meilenweit entfernt zu sein scheint. Halten Sie sich unter Kontrolle. Eine feste Stimme und innere Ruhe haben stets eine große Wirkung auf andere. Arbeiten Sie an Ihrer Rhetorik. Dieses wichtige Kapitel behandeln wir in einem späteren Abschnitt besonders intensiv.

Ein großer Fehler, den viele begehen ist, sich zu verstellen. Selbstbewusstsein und Charisma haben nichts mit Schauspielerei zu tun. Versuchen Sie nicht auf Biegen und Brechen anderen zu gefallen. Bleiben Sie authentisch. Sie müssen nicht jedem gefallen, um ein sympatischer Mensch mit enormer Ausstrahlung zu sein. Haben Sie den Mut dazu, zu polarisieren und eben nicht Jedermanns Liebling zu sein. Lassen Sie sich jedoch nicht davon beirren, wenn Sie jemand nicht mag. In den meisten Fällen liegt es nicht an Ihnen persönlich. Oft steckt einfach Neid dahinter. Charismatische Menschen wirken jedoch in den meisten Fällen auf andere so anziehend, da sie diese glücklich machen.

Was bedeutet mentale Stärke?

Mentale Stärke ist mit Ausgeglichenheit gleichzusetzen. Ob Stress, Probleme, Sorgen oder Krisen, wenn Sie mental stark sind, stecken Sie diese locker weg. Körper, Geist, Seele und Emotionen werden in Einklang gebracht und wirken wie ein Schutzschild an dem Negatives abprallt.

Sie können mentale Stärke trainieren, indem Sie auch in schwierigen Situationen fokussiert bleiben und das Ziel niemals aus den Augen lassen. Lernen Sie aus Rückschlägen und lassen Sie sich davon nicht frustrieren. Üben Sie sich in Geduld und Disziplin. Verbunden mit dem neu erworbenen Selbstvertrauen erreichen Sie eine enorme mentale Stärke.

Versuchen Sie, niemals emotional überzureagieren. Je rationaler Sie eine Situation bewerten, desto eher können Sie sich auf die Wahrheit konzentrieren. Brechen Sie nicht bei einer schlechten Nachricht sofort in Tränen aus, sondern reagieren Sie gefasst. Zeigen Sie nicht zu viel Euphorie, wenn jemand eine atemberaubende Geschichte erzählt. Hysterisches Lachen oder Weinen hindert Sie hier. Versuchen Sie stets, Ihre Impulse zu kontrollieren.

Versuchen Sie, sich von unbegründeten Sorgen zu verabschieden. Denken Sie nicht, was wäre wenn, sondern freuen Sie sich, dass im Moment alles perfekt läuft. Verlaufen Sie sich nicht in Kreisdenken und lassen Sie sich nicht von Ängsten blockieren.

Mentale Stärke bedeutet auch, nein sagen zu können. Natürlich sollten Sie den Freunden, der Familie, den Bekannten oder Arbeitskollegen nicht vor den Kopf stoßen, Sie müssen es jedoch niemandem immer recht machen. Bleiben Sie höflich und freundlich, zeigen Sie Respekt, aber bleiben Sie standhaft hinter Ihrer Meinung.

Ihre mentale Stärke bauen Sie zudem auf, wenn Sie lernen, mit sich selbst zufrieden zu sein, und sich auch selbst genug zu sein. Lernen Sie auch einmal alleine zu sein, und sich dabei wohl zu fühlen. Seien Sie sich selbst genug und nutzen Sie die Zeit alleine, sich mit den eigenen Emotionen und Gedanken zu beschäftigen. Nur wenn Sie alleine glücklich sein können, ist Ihre Selbstliebe ausgeprägt und das Selbstbewusstsein wächst.

Treffen Sie Ihre Entscheidungen ohne Zweifel. Vertreten Sie Ihre eigenen Werte und seien Sie stolz darauf. Lassen Sie sich nicht vom Weg abbringen und auch nicht verunsichern. Vertreten Sie Ihre Meinung mit allen Konsequenzen und bleiben Sie authentisch. Dies sind Merkmale für wirkliche mentale Stärke.

Nehmen Sie das Leben nicht als selbstverständlich hin. Vergessen Sie nie, dankbar zu sein. Dankbarkeit und eine gewisse Portion an Demut sind nicht nur sympatisch, sondern zeugen auch von Selbstwertgefühl und mentaler Stärke. Zudem sollten Sie lernen, gönnen zu können. Freuen Sie sich über die Erfolge anderer, sparen Sie nicht mit Lob und Anerkennung und lassen Sie keinen Neid aufkommen. Eifersucht, Neid und Bitterkeit sind Eigenschaften, die Sie bekämpfen sollten. Diese negativen Gefühle behindern Sie nur auf Ihrem Weg.

Auch sollten Sie sich selbst nicht zu ernst nehmen. Lernen Sie auch über sich selbst lachen zu können. Dadurch sehen Sie viele Situationen weniger verbissen und Sie fühlen sich frei und leicht.

Mentale Stärke zeichnet sich somit durch Willensstärke, Unabhängigkeit, wenig Frust, hohes Verantwortungsbewusstsein, rationales Denken, Dankbarkeit, Zuversicht, Selbstvertrauen und die Freude mit den Erfolgen anderen aus. Schreiben Sie sich eine Liste und bewerten Sie ehrlich, wie weit diese bereits auf Sie zutreffen. Überlegen Sie, wie Sie daran arbeiten können. Nehmen Sie sich zum beispiel vor, am nächsten Tag mit einem dankbaren Lächeln aufzuwachen, die Kollegin zu loben und vor neuen Aufgaben nicht zurückzuscheuen.

Sagen Sie Good bye zu Selbstzweifel

Wenn Sie ein schwaches Selbstvertrauen und wenig Selbstwertgefühl besitzen, kennen Sie den Zustand garantiert, es scheint, als würden Körper, Geist und Seele komplett von Selbstzweifel aufgefressen. Dieses Zweifel arbeiten wie eine innere Stimme, die

Ihnen immer wieder ins Ohr flüstern, dass Sie nicht gut genug sind. Sagen Sie dem Selbstzweifel den Kampf an, indem Sie folgende Schritte konsequent durchführen.

Suchen Sie nicht permanent nach eigenen Schwächen und Fehlern. Akzeptieren Sie Lob und Anerkennung, ohne einen negativen Punkt zu finden. Ist Ihnen etwas besonders gut gelungen und werden Sie dafür gelobt, so bedanken Sie sich, lachen Sie und lassen Sie die Sache auch genau so gut sein. Man muss nicht alles überdenken und sezieren. Natürlich kann man in jeder Situation auch einen Schatten finden, wenn man lange genug sucht. Machen Sie das nicht.

Genießen Sie die Momente, in welchen Sie Komplimente bekommen. Hinterfragen Sie diese nicht. Es ist nicht wichtig, aus welchem Grund, oder mit welchem Hintergedanken jemand Ihnen dieses Komplimente gemacht hat. Die Kollegin findet Ihre Bluse toll. Schön, bedanken Sie sich, ohne zu betonen, dass diese schon ein bisschen eng an den Hüften anliegt. Seien Sie glücklich und lassen Sie diese positiven Momente ohne bitterem Beigeschmack zu.

Lernen Sie, im Mittelpunkt zu stehen und dies auch zu genießen. Verstecken Sie sich nicht hinter anderen. Richten Sie sich auf, achten Sie auf Körperspannung und erheben Sie den Kopf. Blicken Sie den anderen fest in die Augen und schenken Sie den Mitmenschen ein umwerfendes Lächeln.

Suchen Sie nicht nur die Schuld bei sich selbst. An einem Streit oder Misserfolg sind meist mehrere Parteien schuld. Manövrieren Sie sich nicht automatisch in die Opferrolle. Nehmen Sie Zurückweisungen nicht persönlich. Eine Absage zu einem Rendezvous muss nicht daran liegen, dass man nicht mit Ihnen zusammen sein will. Machen Sie sich nicht zu viele Gedanken darum, erinnern Sie sich daran, dass Sie sich auch alleine glücklich fühlen können, wenn Sie sich selbst gut genug sind.

Verabschieden Sie sich von Gedanken oder Aussagen, dass Sie nicht schön genug, klug genug oder gut genug sind. Denken Sie nicht von vorne herein ans Scheitern. Glauben Sie daran, dass Sie sich den Erfolg verdient haben und überlegen Sie nicht ständig, was andere über Sie denken könnten.

Nur so können Sie Ihre Möglichkeiten ausschöpfen und sich aus dem Teufelskreis befreien. Nur so können Sie neue Ziele erreichen und Erfolge feiern. Sie alleine sind Ihre Maßstab. Sie alleine bestimmen, wie gut, schön, klug und erfolgreich Sie sind. Vergessen Sie nie, dass Sie alles schaffen können und hören Sie endlich auf an Ihren Fähigkeiten zu zweifeln.

Verlassen Sie Ihre Komfortzone

Dies hört sich eigentlich sehr einfach an. Doch um die Komfortzone auch wirklich verlassen zu können, müssen Sie zuerst herausfinden, was Ihre Komfortzone genau ist. Finden Sie heraus, welcher eingefahrenen Muster Sie sich vielleicht schon jahrelang bedienen. Die Komfortzone ist nicht nur ortsbezogen, sondern auch personell, tätigkeitsbezogen und geistig. Es ist dieser Handlungsspielraum, der bei Ihnen immer wieder gleich abläuft. Mit einigen Beispielen möchten wir Ihnen nun eine Idee geben, worum es sich bei dieser Komfortzone handelt.

Sie führen zwar immer wieder Beziehungen, doch diese laufen stets gleich ab. Das kommt daher, da Sie sich immer wieder denselben Typus als Partner auswählen. Sie wechseln häufig den Job, sind jedoch in jedem Bereich nach kurzer Zeit bereits wieder unglücklich und unzufrieden. In beiden Situationen wählen Sie stets altbewährtes aus. Es ist doch logisch, dass gleiches sich gleich entwickelt. Dominante Partner werden Sie über kurz oder lange wieder unterdrücken und Arbeitsstellen unter Ihrem Niveau werden Sie über kurz oder lange ebenfalls wieder nerven und langweilen.

Warum ändern Sie dieses Muster nicht? Einfach, weil es so bequem ist, auf das altbekannte zurückzugreifen? Dann dürfen Sie sich jedoch auch nicht wundern, wenn unterm Strich auch immer wieder das selbe Ergebnis erscheint. Ein Verlassen der Komfortzone bedeutet, dass Sie nun einschneidende Veränderungen vornehmen müssen, die vor allem mit Ihrer Persönlichkeit zu tun haben.

Beginnen Sie mit kleinen Übungen. Unternehmen Sie Spaziergänge oder Reisen an Orte an denen Sie noch nie gewesen sind. Wenn Sie jeden Abend zu Hause alleine Ihr Abendessen verspeisen, raffen Sie sich auf und besuchen Sie stattdessen ein Restaurant, in welchem Sie noch nie waren. melden Sie sich zu einem Kurs an und verbringen Sie die Zeit mit neuen Menschen. Kaufen Sie sich ein Buch zu eine Thema, mit welchem Sie sich noch nie befasst haben, versuchen Sie eine neue Sportart oder suchen Sie nach einem Hobby, das bisher so gar nichts mit Ihren Interessen zu tun hatte.

Nun seien Sie ehrlich mit sich selbst. Wie haben Sie sich in den einzelnen Situationen gefühlt? Haben Sie das Prickeln des Neuen verspürt und hatten Sie vor positiver Aufregung ein klopfendes Herz? Waren Sie glücklich, hatten Sie Spaß, konnten Sie lachen? Seien Sie auf jeden Fall stolz auf sich, denn Sie haben den ersten Schritt gewagt, der Sie aus Ihrer Komfortzone und Ihrem Trott führt.

Doch warum sollten Sie die Komfortzone verlassen. Diese ist doch so bequem und vermittelt eine gewisse Sicherheit. Natürlich ist das Leben in der Komfortzone in gewisser Weise berechenbar. Jedoch, Sie fühlen sich doch nicht mehr glücklich. Sie dürfen nicht erwarten, dass sich Ihr Leben innerhalb der Komfortzone verändert. Hier wird das Leben auch in 30 Jahren noch nach dem selben Muster ablaufen. Eine Veränderung können Sie nur herbeiführen, wenn Sie daran etwas ändern. Wenn etwas immer so bleibt wie es ist, berauben Sie sich selbst der Chance zur persönlichen Entwicklung.

Wichtig ist, dass Sie sich hier Zeit geben. Sie müssen nicht Ihr ganzes Leben von heute auf morgen umkrempeln und sich selbst neu erfinden. Verlassen Sie den alten Trott gemütlich und in kleinen Schritten. Sie müssen nicht heute Arbeit, Job und Wohnung kündigen und morgen schon mit einem Rucksack um die Welt reisen. Es reicht, wenn Sie jeden Tag kleine Veränderungen vornehmen. Machen Sie sich hierfür eine Liste mit Dingen, die Sie schon seit Ewigkeiten gleich machen und suchen Sie für jeden einzelnen Bereich nach einer Alternative. Dabei ist es wichtig, dass Sie immer nur eine Veränderung zur selben Zeit vornehmen. Alles andere würde Sie überfordern oder sogar abschrecken.

Melden Sie sich mit der besten Freundin im Sportclub an. Schalten Sie zu Hause nicht sofort den Fernseher an, sondern nehmen Sie ein Buch zur Hand. Beginnen Sie den Tag anders als bisher. Das kann ein Joghurt statt der Scheibe Brot mit Marmelade sein, oder ein kleines Workout bevor Sie unter die Dusche hüpfen. Sie können es ruhig glauben, wenn Sie diese kleinen Veränderungen konsequent durchziehen, führt Ihr Leben in Zukunft in eine absolut neuen Richtung.

Dabei muss sich auch nicht jede neue Erfahrung als Knaller entpuppen. Es kommt nur auf den Versuch an. Sie können jederzeit und immer wieder neue Varianten ausprobieren. Es kann sogar vorkommen, dass sich mancher Versuch falsch oder sogar unangenehm anfühlt. Lassen Sie sich davon nicht abschrecken. Haken Sie dies als Erfahrung ab. Bleiben Sie dennoch motiviert und geben Sie der Frustration keine Chance. Doch kanzeln Sie auch nicht sofort alles als schlecht ab. Geben Sie dem neuen Weg eine Chance. Denken Sie immer daran, es ist ein neuer Weg, der nicht von Anfang an perfekt sein muss. Geben Sie nicht nach der ersten Joggingrunde im Park auf oder schmeißen Sie nicht den neuen Sprachkurs sofort wieder, nur weil die Vokabeln nach einem Kursabend so gar nicht in Ihrem Kopf bleiben wollen.

Dadurch, dass Sie täglich kleine Schritte unternehmen, vergrößern Sie Ihren Radius, Ihre Komfortzone und erweitern Ihren Horizont. Dies trägt maßgeblich dazu bei, dass Sie auch mehr Selbstvertrauen gewinnen und selbstbewusster werden. Denn, Sie haben es gewagt und sich auf Neues eingelassen. Fallen Sie jedoch nie wieder in den alten Trott zurück. Dies müssten Sie als Rückschritt verbuchen, der Sie wieder verunsichert.

Handeln statt hoffen

Garantiert kennen Sie diese Situation. Sie sind an einem Tiefpunkt angelangt. Nun haben Sie zwei Möglichkeiten. Sie können auf ein Wunder hoffen, oder aktiv etwas gegen die unliebsame Situation unternehmen. Wahrscheinlich können Sie sich schon denken, was hier die einzig richtige Lösung ist. Es ist unwahrscheinlich, dass ein Zauberer mit seinem magischen Stab kommt, und die Situation mit einem kurzen Wedeln verbessert. Somit gibt es nur eine Möglichkeit, um sich aus der Misere zu befreien. Sie müssen die Ärmel hochkrempeln und handeln. Niemand außer Sie selbst kann die Situation verbessern.

Dabei ist es wichtig, dass Sie auch mit Ihrem gesamten Willen dahinter stehen. Hier ist es wie mit Alkoholkranken oder Drogensüchtigen. Es hilft die beste Therapie nichts, wenn der Wille fehlt. Auf dem Weg zu mehr Selbstbewusstsein reicht es nicht, die teuersten Ratgeber zu kaufen und die besten Mental-Coachs zu engagieren, wenn der eigene Antrieb fehlt.

"Warum passieren mit immer so viele schreckliche Dinge?" Haben Sie sich das auch schon häufig gefragt? "Ich mache doch gar nichts, und trotzdem schein es als würde mich das Pech verfolgen" Wenn auch diese Aussage von Ihnen stammen könnte, dann sollten Sie wirklich rasch handeln. In der zweiten Aussage haben Sie sich quasi die Antwort bereits selbst gegeben. Sie machen nichts, das bedeutet, Sie bemühen sich auch um keine Veränderung. Sie können nicht warten und auch nicht erwarten, dass jemand anders Ihre Probleme löst.

Auch Ihre Erwartungshaltung spielt hier eine große Rolle. Wir haben schon einige Male die Kraft der Gedanken und die Macht des Universums angesprochen. Negative Gedanken ziehen negative Handlungen magnetisch an. Dies ist so fix wie das Amen im Gebet. Sie können täglich über die Massen an Plastikmüll klagen, die unseren Planeten verschmutzen. So lange Sie selbst doppelt und dreifach eingeschweißte Lebensmittel einkaufen und aus jedem Supermarkt fünf Plastiktüten mitnehmen, tragen auch Sie nicht zur Verbesserung bei. Da hilft es nicht zu weinen, wenn Sie auf den sozialen Netzwerken Bilder von Meerestieren sehen, die sich jahrelang nur von Kunststoff ernährt haben. Tragen Sie selbst aktiv zum Schicksal der Welt bei und werden Sie verantwortungsbewusst.

Wenn Sie sich nun fragen, was dies zu mehr Selbstbewusstsein beitragen soll, lässt sich das ganz einfach erklären. Sie können stolz darauf sein, einen wichtigen Beitrag zum Umweltschutz beigetragen zu haben. In Diskussionen können Sie nun Ihre Meinung vertreten und mit reinem Gewissen behaupten, das best Mögliche zu tun. Zudem ziehen positive Taten positive Dinge nach sich.

Auch ist es wenig sinnvoll, jeden Tag frustriert vor dem Spiegel zu stehen und über die Pfunde zuviel an den Hüften zu jammern. Auch hier haben Sie es selbst in der Hand. In den meisten Fällen werden Sie das Gewicht nicht wie durch Zauberhand verlieren. Sie müssen Ihre Ernährung überdenken und vielleicht etwas aktiver werden. Tauschen Sie Chips-

Tüten, Schokolade und Fast-Food gegen Obst und Gemüse ein und fahren Sie öfter mit dem Fahrrad anstatt mit dem Auto.

Hoffen Sie nicht darauf, dass Ihr Partner sich ändert. Ändern Sie etwas in Ihrer Beziehung. Wenn Sie angeregte Dialoge vermissen, starten Sie spannende Unterhaltungen. Sehnen Sie sich nach mehr Zärtlichkeit, sprechen Sie dies an. Vielleicht denk Ihr Partner genau gleich und Sie leben mit Ihrem Hoffen nebeneinander und werden dabei immer unglücklicher. Es kann sein, dass Ihr Partner denkt, Sie seine genau mit dieser Situation absolut glücklich. Wenn Sie weder den Mund aufbringen, noch Taten sprechen lassen, werden Sie es nie herausfinden.

Durch Handeln statt Hoffen können Sie jeden Aspekt Ihres Lebens positiv verändern. Auch dies in kleinen Schritten, ohne sich dabei zu überfordern. Dadurch, dass Ihr Leben dadurch schöner, angenehmer und positiver wird, wächst auch Ihr Selbstvertrauen. Denn Sie erkennen, Sie selbst waren der Regisseur Ihrer Lebensgeschichte.

Sich selbst lieben lernen

Selbstliebe ist viel mehr, als nur den eigenen Körper, den eigenen Geist und die eigenen Seele zu akzeptieren. Wer sich selbst mit jeder Faser seines Körpers lieben kann, ist auch nicht mehr abhängig davon, von anderen Bestätigung und Liebe zu erbetteln. Dies ist ein wichtiger Schritt in Sachen Selbstbewusstsein, denn nur wer nicht mehr von der Meinung anderer Abhängig ist, kann glücklich durchs Leben gehen.

Verwechseln Sie jedoch niemals Selbstliebe mit Egoismus oder gar Narzissmus. Letztere Begriffe beschreiben rücksichtsloses Verhalten und kaltes Handeln. Wer sich jedoch selbst liebt, der ist mit sich und er Welt im Einklang. Nur wenn Sie sich selbst lieben, sind Sie auch fähig andere zu lieben. Denken Sie nur daran, wie könnte ein Englischlehrer seinen Schülern die Sprache beibringen, wenn er sie selbst nicht beherrscht? Ohne Selbstliebe lässt sich auch keine Nächstenliebe praktizieren. Wenn Sie nicht gut zu sich selbst sind, können Sie auch nicht gut zu anderen sein. Sie können nur Liebe austeilen, wenn Sie genügend Liebe in sich selbst haben. Denken Sie immer daran, um ein guter Mensch zu sein und Gutes zu tun, muss es Ihnen selbst auch gut gehen.

Wenn Sie sich selbst nicht lieben, werden Sie stets auf der Suche nach Anerkennung durch andere sein. Jede Zurückweisung wirft Sie in ein schwarzes Loch und erschüttert Ihr vielleicht ohnehin angeknackstes Selbstvertrauen. Daher ist es wichtig zu lernen, sich selbst bedingungslos uns aus vollem Herzen zu lieben.

Sie haben stets ein offenes Ohr für die Probleme Ihrer Freunde, hören jedoch nie darauf, wenn Ihre Seele mit Ihnen spricht? Sie würden niemals die

Meinung Ihrer besten Freundin kritisieren, zweifeln jedoch ständig an Ihrer eigenen Urteilskraft? Denken Sie darüber nach und notieren Sie sich, in welchen Situationen Sie in Zukunft mehr auf sich selbst hören wollen.

Schreiben Sie mindestens fünf Dinge auf, auf die Sie stolz sind, dass Sie sie erreicht haben. Notieren Sie fünft Charaktereigenschaften, die Sie besonders an sich schätzen und schreiben Sie auf, was Sie von anderen Mitmenschen abhebt und unterscheidet. Nehmen Sie sich für sich selbst Zeit. Planen Sie täglich etwa eine halbe Stunde ein, die nur Ihnen gehört. Sie können in dieser Zeit Yoga machen, meditieren, sich ein heißes Schaumbad einlassen oder einfach nur ruhig auf Ihrem Bett oder dem Sofa liegen, und die Stille genießen.

Stellen Sie sich jeden Tag vor den Spiegel und machen Sie sich selbst ein schönes Kompliment, das von Herzen kommt. Sprechen Sie es ruhig laut aus, dass Sie heute Ihre Haare besonders toll finden, Ihre Figur in diesem Outfit extrem gut zur Geltung kommt, oder Sie von Ihrem eigenen Lächeln begeistert sind. Zu Beginn werden Sie sich noch etwas unsicher, vielleicht sogar unwohl dabei fühlen. Bleiben Sie jedoch am Ball.

Verbannen Sie den kleinen Teufel auf Ihrer linken Schulter, der ständig Ihre Kompetenz anzweifelt. Verjagen Sie die Stimmen aus Ihrem Kopf, die Sie nu kritisieren und sämtliche Ihrer Aktionen anzweifeln. Anfangs werden sich diese Stimmen garantiert noch häufiger melden. Setzen Sie dann einfach ein Lächeln auf und sagen Sie laut oder leise "husch, husch". Genieren Sie sich dafür nicht, Sie werden rasch merken, wie effektiv dies ist.

Doch welchen Sinn hat diese Selbstliebe? Zuerst steigt Ihre Selbstachtung, da Sie jeden Tag mehr und mehr bemerken, welch toller Mensch Sie sind. Dadurch wird es auch immer unwichtiger, sich mit anderen zu vergleichen und sich nach den Kirschen in Nachbars Garten zu sehnen. Zudem lernen Sie nein zu sagen, sobald Sie merken, dass es Ihnen selbst nicht gut tut. Sie lernen Grenzen zu setzen, egal ob im Beruf oder bei Freunden und Bekannten. Dadurch sinkt der eigene Stress-Level. Wer sich selbst liebt, achtet viel mehr auf die eigene Gesundheit und das seelische Wohlbefinden.

Die wichtigsten Grundsätze für gelebte Selbstliebe sind: Sie helfen anderen nur, weil Sie es wollen und auch dazu fähig fühlen, nicht weil Sie sich dazu verpflichtet oder gedrängt fühlen. Sie können keine Energie oder Liebe schenken, wenn Sie selbst keine besitzen. Sie könnten auch kein Geld verborgen, wenn Sie selbst pleite sind - das leuchtet doch ein? Sehen Sie die Selbstliebe somit als eine Art Konto der Liebe an, das Sie immer in sich tragen.

Vom Lernen und Leisten

Bis jetzt haben Sie eine Menge Tipps erhalten, die Sie nun auch verinnerlichen müssen. Es reicht nicht, diese nur zu lesen und auf eine spontane Erleuchtung zu hoffen. Vielleicht mussten Sie über den ein oder anderen Tipp schmunzeln oder hielten manche Ratschläge für etwas abstrus - auf jeden Fall ungewohnt. Doch genau darum geht es doch. Sie wollen raus aus Ihrem bisherigen Leben und möchten sich verändern. Dies schaffen Sie nur, wenn Sie auch neue Wege einschlagen.

Wenn Sie bis jetzt nur mitgelesen haben, wird es Zeit, dass Sie sich Papier und Bleistift zur Hand nehmen und Notizen machen. In vielen Kapiteln haben wir Ihnen kleine Aufgaben gestellt. Jetzt liegt es an Ihnen, dies umzusetzen. Es beginnt der Lernprozess. Sobald Sie das gelesene gelernt und verinnerlicht haben, können Taten folgen. Dies ist der Leistungsprozess.

Natürlich ist es ein Stück harte Arbeit. Doch mehr Selbstwertgefühl, ein starkes Selbstbewusstsein, mentale Stärke und Selbstliebe sind starke Argumente, für die es sich auf jeden Fall zu kämpfen lohnt.

Ziele setzen und Wege festlegen

Haben Sie sich schon überlegt, was Sie erreichen möchten? Sind diese Ziele fest definiert? Falls nicht, dann wird es nun Zeit dazu. Auf dem Weg zum Ziel müssen Sie natürlich eine Strecke zurücklegen. Damit dies leichter fällt, sollte der Weg von Etappen und Meilensteinen unterbrochen werden. Halten Sie jedoch immer das Ziel fest im Auge. Denn dieses Ziel ist der Leuchtturm, der Ihnen Orientierung schenkt.

Notieren Sie sich Ihre Ziele und lesen Sie diese immer wieder. dadurch motivieren Sie sich selbst. Zeichnen Sie sich dafür ruhig eine Strecke auf und markieren Sie Ihre Etappen. Freuen Sie sich darüber, wenn Sie wieder einen neuen Meilenstein erreicht haben. Stellen Sie sich dies vor, als würden Sie für den Marathon trainieren. Auch hier müssen Sie sich zu Beginn mit nur wenigen zurückgelegten Kilometern begnügen. Doch jeder erreichte und getane Schritt ist ein kleiner Erfolg, den Sie schätzen sollten.

Haben Sie keine Angst davor, dass das Ziel zu hoch gesteckt sein könnt. Fokussieren Sie sich darauf, und Schritt für Schritt bewegen Sie sich auf das Ziel hin. Notieren Sie sich zuerst alle Ziele, die Sie erreichen möchten und suchen Sie sich danach jenes mit der höchsten Priorität heraus. Das kann zum Beispiel mehr Zeit mit der Familie sein. Überlegen Sie nun, was dafür notwendig ist. Wo stiehlt Ihnen der Alltag kostbare Stunden, die Sie dadurch nicht mit Ihren Liebsten zusammen sein können?

Wenn Sie ganz ehrlich zu sich selbst sind, werden Sie garantiert überrascht sein. Häufig liegt es nicht nur an den Arbeitszeiten und den Überstunden. Überlegen Sie, wie viel Zeit Sie in sozialen Netzwerken, auf Youtube und Co verbringen und sich so von der Welt abschotten. Wie oft läuft der TV mit einer bedeutungslosen Sendung, obwohl die Sonne scheint und Sie die Zeit besser für einen Spaziergang mit Ihrem Partner nutzen könnten.

Teilen Sie Ihre Ziele in langfristige und kurzfristige Ziele ein. Ob es sich hier um einen Jobwechsel, den Aufbau eines eigenen Businesses, Gewichtsverlust, Muskelaufbau, gesünder leben, mit dem Rauchen aufhören oder ähnliches handelt, oder Sie Ziele wie mehr lachen, weniger streiten oder mehr lesen haben ist zweitrangig. Nun teilen Sie jedes Ziel in einzelne Etappen ein, wie Sie denken, am besten voran zu kommen. Überlegen Sie, welche Etappen Sie in einem Monat erreichen könnten, und welche Meilensteine Sie auf dem Weg dahin begleiten sollten.

Formulieren Sie das Ziel klar und deutlich und verlieren Sie es nie aus den Augen. Setzen Sie sich auch eine konkrete Deadline. Es reicht nicht, wenn Sie sich vornehmen, irgendwann 10 Kilogramm abzunehmen. Das Ziel muss konkretisiert werden. Sagen Sie: "Bis zum Urlaub im August, in 4 Monaten, habe ich X Kilogramm abgenommen". Achten Sie nicht nur auf eine zeitliche Deadline, sondern auch auf eine klare Formulierung. Die Ziele müssen positiv sein und dürfen nicht im Konjunktiv formuliert sein. Das bedeutet hätte, würde und wäre können Sie für die Formulierung Ihrer Ziele aus dem Repertoire streichen.

Genauso wichtig wie die Zielsetzung und die Formulierung ist auch die Motivation, die dahinter steckt. Sie dürfen sich nicht wünschen abzunehmen, nur damit Ihr Partner Sie nicht verlässt. Machen Sie es nur rein für sich selbst. Dafür, dass Sie sich jünger und attraktiver fühlen, und dafür, dass es Ihnen gesundheitlich besser geht. Auch viel Geld zu verdienen, um über den anderen zu stehen ist vielleicht nicht die beste Motivation.

Im letzten Schritt bevor Sie loslegen, sollten Sie sich das Ziel bildlich vor Augen führen. Schließen Sie die Augen und sehen Sie sich in der knappen Jeans oder dem hübschen Ballkleid. Haben Sie das Bild vor Augen, wie Sie mit Ihrer Familie endlich aus der 1-Zimmer-Wohnung ausziehen können, weil es finanziell möglich ist oder sehen Sie sich in der neuen und erfolgreichen Position am Arbeitsplatz. Verinnerlichen Sie dieses Bild intensiv. Es soll Sie von nun an jeden Tag begleiten, bis Sie das Ziel erreicht haben. Sie sollen diese Szenen jedoch nicht nur sehen, sondern auch fühlen. Spüren Sie, wie Sie dabei glücklich werden? Dieses tägliche kleine Glück sollte Ihr täglicher Antriebsmotor sein.

Trotz allem sollten Sie flexibel bleiben. Wenn sich zum Beispiel in wenigen Wochen eine Option auf einen anderen Job ergibt, greifen Sie zu. Oft gibt es viele Wege die zum großen Ziel führen. Manches Mal dauert es auch etwas länger als Sie gedacht oder geplant hatten. Familiäre Umstände können den Weg verändern. Solange jedoch das Ziel stets in Sichtweite ist, ist alles gut. Das Wichtigste ist, dass Sie sich aufraffen und auf den Weg machen. Unterwegs müssen Sie darauf achten, dass Sie niemals die Motivation verlieren. Dazu kann es hilfreich sein, wenn Sie sich Gleichgesinnte suchen. Das können ein Sportverein, eine Diätgruppe, ein Kurs für gehobenes Management, ein Rhetorik-Kurs und vieles mehr sein. Sie werden rasch merken, gemeinsam lassen sich Ziele um ein Vielfaches schneller erreichen. Zudem ist es nicht nur interessant, sondern auch hilfreich, sich mit Menschen auszutauschen, die ähnliche Ziele haben. Gemeinsam können Sie so aus den Erfolgen und Fehlern der anderen lernen.

Meditation

Vielleicht haben Sie sich noch nie darüber Gedanken gemacht, zu meditieren. Dabei ist dies ein sehr effektiver Weg um Konzentration und Achtsamkeit zu lernen und zu üben. Beides sind wichtige Begleiter auf dem Weg zu mehr Selbstvertrauen. Meditation ist mehr als nur eine spirituelle Praxis. Mit diesen Übungen finden Sie zu sich selbst und können an einem Ort in Ihren Gedanken Kraft und Energie tanken. In den nächsten Kapiteln werden wir uns mit den unterschiedlichsten Arten der Meditation befassen und Ihnen einfache Übungen mit auf den Weg geben. Wir zeigen Ihnen, dass Meditation ganz einfach zu erlernen ist und ein enorm hilfreiches Werkzeug auf dem Weg zu mehr Selbstvertrauen und Selbstbewusstsein sein kann.

Was ist Meditation eigentlich?

Meditation kann mit nachdenken, nachsinnen und überlegen übersetzt werden. Doch dahinter versteckt sich noch viel mehr. Im östlichen Kulturkreis wurden diese Übungen schon seit ewiger Zeit verwendet, um den Geist zu beruhigen, sich zu konzentrieren und mehr Achtsamkeit zu erlernen. Angestrebt wird ein Zustand, der den Kopf absolut frei macht. Die Gedanken sollen praktisch verschwinden und nichts die Seele belasten. Wenn Sie jetzt Angst haben, dass Meditationen langweilig sind, können Sie diese Befürchtung getrost über Bord werfen. Zusätzlich zu den gebetsähnlichen Meditationen, die wir aus vielen Religionen wie Buddhismus und Hinduismus kennen, gibt es auch Meditationen, die beim Tanzen und Singen durchgeführt werden können. Auch Trommeln, Klangschalen, Geschichten und andere Untermalungen können zum Einsatz kommen. Wir wollen Ihnen nachfolgend nicht nur die einzelnen Arten der Meditation vorstellen, sondern erklären auch ausführlich, wie Sie damit starten. Setzen Sie sich doch das Ziel, sich in den nächsten Tagen und Wochen mit dieser Materie vertraut zu machen. Sie werden rasch erkennen, welchen enormen Wohlfühl-Faktor Meditation auch für Sie haben kann.

Wie kann ich Meditation lernen?

Aller Anfang ist schwer und auch beim Meditieren ist es nicht anders. Vielleicht fühlen Sie sich zu Beginn eigenartig oder kommen mit der ungewohnten Stille oder Ruhe nicht zurecht. Vielleicht schaffen Sie es nicht sofort, Ihre Gedanken abzuschalten, oder langweilen sich. Bleiben Sie dennoch am Ball, bald wird sich der erste Erfolg einstellen. Natürlich dürfen Sie nicht erwarten, dass Sie bereits nach der ersten Meditation eine enorme Veränderung spüren. Alles braucht seine Zeit und hier ist es an der Zeit, sich auch in Geduld zu üben. Mit jedem Tag und jeder Übung jedoch werden Sie mehr zur Ruhe kommen und sich freier und leichter fühlen.

Das A und O ist, den richtigen Ort zum Meditieren zu finden. Dieser Platz soll Ruhe bieten und Sie nicht ablenken. Das bedeutet, TV, Radio und Mobiltelefon werden aus dem Meditationsraum verbannt. Sie können eine Kerze, ein Räucherstäbchen oder eine Duftlampe entzünden, um für die perfekte Atmosphäre zu sorgen. Zudem sollte der Raum gut belüftet sein. Achten Sie darauf, dass Sie genügend Platz haben. Sie sollten am Fußboden eine Matte und ein Kissen ausbreiten können. Für manche Arten der Meditation genügt jedoch auch ein Stuhl. Dieser sollte jedoch auch an einem ruhigen Ort stehen. Sorgen Sie dafür, dass Sie für diese Zeit wirklich ungestört sind. Anfangs reicht es, etwa 15 Minuten einzuplanen.

Tragen Sie zum Meditieren bequeme Kleidung. Es soll Sie nichts einengen und Sie sollen sich wohl fühlen. Sie können Sportbekleidung oder ein leichtes Kleid tragen, das ist ganz Ihnen selbst überlassen. Wichtig ist, dass nichts zwickt und zwackt und Sie dadurch ablenkt. Außerdem sollte die Kleidung der Temperatur im Raum angepasst sein. Sie dürfen weder schwitzen noch frieren. Denken Sie daran, dass Sie während der Meditation eine gewisse Periode reglos daliegen werden.

Bevor Sie den Ort der Meditation betreten schalten Sie das Telefon ab und bitten Sie die restliche Familie, Sie während der kurzen Zeit bitte nicht zu stören. Dann kann es auch schon losgehen. Breiten Sie die Matte aus und legen Sie sich darauf. Sie können sich auch im Schneidersitz niederlassen. Wichtig ist, dass Sie es bequem haben. Wenn Sie einen schmerzenden Rücken haben, sorgen Sie mit einem Kissen für Unterstützung. Es ist nicht wichtig, welche Position Sie einnehmen, einzig und alleine zählt, dass Sie sich wohl fühlen. Nur so können Sie ohne Störfaktoren Körper, Geist und Seele in Einklang bringen.

Sie können sich nun einen Wecker stellen. Dadurch müssen Sie keinen Gedanken daran verschwenden, wie lange Sie bereits meditieren. Für den Anfang reichen etwa 10 Minuten völlig aus. Bitte überfordern Sie sich auch hier nicht. Wenn Sie es zu Beginn übertreiben, können Sie bald die Lust daran verlieren.

Nun haben Sie die optimale Kulisse geschaffen, Ihre Position eingenommen und es kann los gehen. Die ersten Male dreht sich alles darum, die Gedanken abzuschalten. Ganz ehrlich, dies ist der schwierigste Teil für alle, die neu mit dem Meditieren beginnen. Kommen Sie einfach zur Ruhe und versuchen Sie an nichts zu denken. Es soll eine absolute Leere entstehen und Körper, Geist und Seele müssen eins werden mit dem Universum. Ärgern Sie sich nicht, wenn die Gedanken zu Beginn immer wieder abschweifen. Versuchen Sie diese von Mal zu Mal einfach abzuschalten wie einen Lichtschalter. Stellen Sie sich vor, dass Sie die Gedanken einfach wie Regenwolken wegschieben. Mit ein bisschen Übung klappt dies bald garantiert hervorragend.

Wenn Sie sich Meditation als Ziel gesetzt haben, lassen Sie diese doch auch zu einem Fixpunkt in Ihrem Leben und meditieren Sie nicht nur sporadisch. Vergessen Sie nicht, Übung macht den Meister. Auch wenn es natürlich optimal wäre, jeden Tag zu meditieren, so sollten Sie es zumindest 2 bis 3 Mal pro Woche schaffen. Versuchen Sie hier einen Plan einzuhalten. Schnell werden Sie herausfinden, ob Sie lieber morgens, mittags oder abends meditieren. Viele meditieren auch gerne einige Minuten im Bett um anschließend besser einschlafen zu können.

Gewöhnen Sie sich an den neuen Umstand. Bei der Meditation geht es darum, absolut nichts zu tun. Das bedeutet, auch wenn eine Fliege auf Ihrer Nase tanzt, sollten Sie diese nicht bemerken. Versuchen Sie nicht mit den Füßen zu hampeln oder sich von einer Seite auf die andere zu drehen. Es ist wichtig, dass Sie komplett abschalten und sich quasi von allem irdischen lösen. Mit der Zeit werden Sie bemerken, dass es automatisch geht, auch wenn es anfangs mehr als mühsam wirkt.

Planen Sie nach der Meditation noch einige Minuten ein, die Sie mit Muße genießen können. Strecken Sie sich, machen Sie Dehnungsübungen, genießen Sie ein Glas Wasser, Saft oder Tee und kommen Sie sanft in die Realität zurück. Sie springen morgens auch nicht eine Sekunde nach dem Erwachen aus dem Bett und laufen los. Wenn Sie zu abrupt in den Alltag zurückkehren geht ein Stück der beruhigenden Wirkung der Meditation verloren.

Die unterschiedlichen Meditations-Übungen

Die Atemmeditation ist perfekt für alle Anfänger. Hier nehmen Sie einfach eine bequeme Meditations-Haltung ein und konzentrieren sich ausschließlich auf Ihre Atmung. Dazu schließen Sie die Augen und verfolgen einfach Ihren Atem. Sie müssen dabei nicht extra tief oder schnell atmen. Atmen Sie einfach normal weiter. Verfolgen Sie den Atem, wie er durch Ihren Mund oder Ihre Nase in den Körper einströmt, sich dort ausdehnt und anschließend den Körper wieder verlässt. Werden Sie eins mit diesem Kreislauf. Das Wichtigste bei dieser Meditation ist, dass Sie sich wirklich ausschließlich auf den Atem konzentrieren dürfen. Alle anderen Gedanken müssen rigoros ausgeblendet und zur Seite geschoben werden. Diese Atem-Meditation eignet sich auch hervorragend für die Mittagspause, da Sie diese auch im Sitzen, sogar in der U-Bahn durchführen können.

Die Visualisierungs-Meditation regt Ihre Vorstellungskraft an. Auch hier nehmen Sie wieder Ihre bevorzugte Haltung ein und schließen die Augen. In Gedanken begeben Sie sich nun an den Ort Ihrer Wünsche. Dies kann ein realer Ort sein, wie eine Berghütte oder der Strand aus dem letzten Urlaub. Sie können sich aber auch an einen reinen Fantasie-Ort beamen. Dies ist von nun an Ihre Quelle der Kraft. Spüren Sie, wie Sie hier leicht werden und sich der ganze Körper mit Energie füllt. Alle Sorgen fallen ab und Probleme existieren nicht mehr. Hier können Sie sämtliche Details intensiv aufnehmen. Das Rauschen des Meeres, das Rascheln der Blätter oder das Gackern der Hühner. Riechen Sie den Duft des Walds und schmecken Sie das Salz in der Luft. Dieser geheime Zufluchtsort ist auch ideal, wenn mal wieder alles zu viel wird. Ein paar Minuten an diesem schönen Ort helfen enorm, wieder Kraft zu tanken und weiter zu machen.

Meditation mit Affirmation

Sie können bei Ihrer Meditation auch mit sogenannten Affirmationen arbeiten. Dabei handelt es sich um prägnante Wörter oder kurze Sätze, die als Mantra fungieren. Bei diesen Worten und Sätzen ist es wichtig, dass sie positiv formuliert wurden und eine klare Aussage haben. Verneinungen sind hier ein absolutes No-go und Sie sollten positive Emotionen erzeugen. In einem nachfolgenden Kapitel geben wir Ihnen eine schöne Übersicht an Mantras, die Sie verwenden können. Ein guter Satze für den Einstieg ist: "Ich bin wunderbar entspannt".

Die Achtsamkeits-Meditation

Bei dieser Meditation lenken Sie Ihre Achtsamkeit auf die verschiedenen, einzelnen Körperteile. Hierfür nehmen Sie am besten eine liegende Position ein. Sie schließen die Augen und konzentrieren sich zuerst auf die Zehen. Arbeiten Sie sich den gesamten Körper hoch, bis Sie am Kopf angekommen sind. Dabei denken Sie daran, wie leicht die einzelnen Körperteile sind, und wie diese sich entspannen. Hier können Sie auch auf die einzelnen Bedürfnisse eingehen. Nach einem langen Arbeitstag schmerzen vielleicht die Beine, oder der Rücken ist nach langen Stunden am Schreibtisch verspannt. Beachten Sie jeden einzelnen Körperteil, schenken Sie ihm Zuwendung und Liebe. Dadurch können Sie nicht nur entspannen, sondern auch Kraft sammeln.

Meditation zur Erdung

Diese Meditation können Sie stehend, liegend oder sitzend durchführen. Wichtig hierbei ist, dass zumindest die Füße fest am Boden stehen. Schließen Sie die Augen und stellen Sie sich vor, wie jeder einzelne Körperteil der den Boden berührt, mit diesem verwurzelt. Spüren Sie wie die Wurzeln wachsen, stark werden und Energie tanken. Nehmen Sie die Kraft der Erde auf und lassen Sie die Energie durch Ihren Körper fließen. Um diese Meditation zu beenden, müssen Sie zuvor die Wurzeln wieder zurück in Ihren Körper verschwinden lassen. Dies ist besonders wichtig, da sonst die Meditation zu abrupt beendet wäre und die Energie ins Leere fließen würde.

Nach der dynamischen Methode von Osho meditieren

Diese Meditation ist perfekt, wenn Sie es aktiv lieben. Mit dieser Methode können Sie zum Beispiel wunderbar in den Tag starten. Sie wird am besten im Stehen oder in Bewegung durchgeführt. Schließen Sie die Augen und beginnen Sie, schnell und tief zu atmen. Danach folgt eine Phase, in der Sie Ihren Emotionen freien Lauf lassen können. Dies kann laues Schreien, Lachen, Weinen oder Kreischen sein. Lassen Sie einfach alles aus sich raus. Danach folgt eine Phase der Bewegung. Sie können hüpfen, tanzen und springen. Diese Phase sollte etwa 15 Minuten lang andauern. Danach stehen Sie einige Minuten still und versuchen eine Erdung aufzubauen. Diese Meditation ist nicht nur gut für die Durchblutung und schenkt Energie, sie eignet sich auch hervorragend, um aufgestaute Aggressionen, Wut und andere Emotionen abzubauen.

Konzentration auf ein Objekt

Diese Meditation eignet sich ebenfalls hervorragend für Beginner. Vielleicht finden Sie es anfangs schwierig, die Augen zu schließen und die Gedanken abzustellen. Einfacher ist es, wenn Sie sich beim Meditieren auf etwas konzentrieren können. Dazu setzen Sie sich auf den Boden oder einen Stuhl. Vor Ihren Augen haben Sie ein Objekt Ihrer Wahl platziert. Hierbei kann es sich um eine Kerze handeln, aber auch Räucherstäbchen, eine Blume oder ein Bild eignen sich gut. Achten Sie darauf, dass Sie Ihre Augen nicht überanstrengen und zwischendurch immer wieder entspannen. Sie können nach einer Weile auch die Augen schließen und das Objekt nur vor Ihrem geistigen Auge betrachten.

Meditation mit Herzatmung

Begeben Sie sich in eine komfortable Meditations-Haltung. Starten Sie diese Übung mit einigen tiefen Atemzügen. Danach lenken Sie Ihre Gedanken auf Ihr Herz. Spüren Sie, wie Sie einatmen und ausatmen und das Herz arbeitet. Dabei sollten Sie

Gefühle von Dankbarkeit und Glück verspüren und Liebe durch Ihren Körper strömen lassen. Beenden Sie diese Meditation indem Sie einige Minuten lang Ihre flachen Hände auf Ihr Herz legen und erst danach die Augen öffnen. Diese Übung ist toll, wenn Sie sehr gestresst sind, oder sich in einer Phase der Angst oder Beklemmung befinden.

Wenn Sie regelmäßig meditieren werden Sie nicht nur ruhiger oder verlieren Ängste, Sie steigern dadurch auch Schritt für Schritt Ihr Selbstbewusstsein. Das resultiert daraus, dass Sie beim meditieren lernen, weniger nachzudenken und zu grübeln. Meditation kann in vielen Fällen helfen und Auslöser für Selbstzweifel beseitigen. Egal ob es sich um Stottern handelt, um Phobien oder Schlafstörungen, in allen dieser Fällen können Sie die Probleme mit regelmäßigen Übungen in den Griff bekommen.

Wenn Sie es alleine so gar nicht schaffen, sehen Sie doch in Ihrem Gemeindeblatt, der Stadtzeitung oder den gelben Seiten nach. In vielen Städten werden inzwischen Kurse für Meditation angeboten.

Auch wenn Sie bereits nach einigen Meditationen eine Verbesserung verspüren werden, sollten Sie am Ball bleiben. Die erwünschte Wirkung stellt sich meist erst nach wenigen Wochen ein. Dies ist auch die Phase die Sie normalerweise benötigen, um Meditation zu automatisieren. Das bedeutet, nach einem gewissen Zeitraum müssen Sie nicht mehr verkrampft darauf achten, die Gedanken auszuschalten. Sie nehmen Ihre Position ein, schließen die Augen und schon haben sich Körper, Geist und Seele absolut beruhigt.

Was sind Mantras?

Ein Mantra ist ein erzeugtes Geräusch, ein Wort oder ein Satz, dem eine gewisse spirituelle Wirkung zugewiesen wird. Mantras sind daher tolle Werkzeuge, um die Meditation zu unterstützen. Mantras sind zudem Kraftworte, die Sie sich zwischendurch zur Ermunterung aufsagen können. Ein Mantra hat in etwa dieselbe Wirkung, wie ein unsichtbarer Talisman.

Mit dem richtigen Mantra können Sie Ihre Gedanken reinigen, die Gedanken fokussieren und die Seele beruhigen. In asiatischen Religionen werden Mantras zudem eine heilende Wirkung zugeschrieben. Sie können Blockaden lösen und negative Muster auflösen. In anderen Kulturen werden Mantras auch als Schutz der Geister vor bösen Mächten gesehen.

Sie können Mantras still in Gedanken wiederholen, flüstern, singen, sprechen oder laut ausrufen. Wichtig ist der gleichbleibende, monotone Rhythmus, der eine zusätzliche beruhigende Wirkung hat. Die berühmtesten Mantras stammen aus dem Sanskrit und sind mittlerweile mehr als

4.000 Jahre alt. Sie wurden meist von Jogis und Mönchen von einer Generation an die nächste weitergegeben. Mantras sind somit magische Wörter, die beschützen und erhalten. Zudem helfen Mantras beim Meditieren, die Gedanken zu kanalisieren. Gerade wenn Sie es schwer finden, die Gedanken abzustellen, ist das ständige Wiederholen der Mantras eine große Hilfe.

Garantiert haben Sie schon das Mantra Om gehört. Es gilt als das vielleicht wichtigste Mantra. Es ist das Symbol der Göttlichkeit und wird als die Vereinigung von Vergangenheit, Gegenwart und Zukunft gesehen. Auch ist das Om den bedeutendsten Göttern Vishnu, Shiva und Brahma zugeschrieben. Das Om ist ein harmonischer Ton, der das Universum erfüllt und es mit Körper, geist und Seele verbindet. Dieses Mantra verwenden Sie am besten zum Starten und Beenden Ihrer Meditation.

Ebenfalls sehr wichtig ist das Mantra Lokah Samastah Sukhino Bhavantu. Es symbolisiert Friede, Glück und Harmonie. Dieses Mantra hilft Ihnen, das Herz gegenüber anderen zu öffnen und selbst offen für die Liebe zu sein. Dieses Mantra steht für die Verbindung aller Energien des Universums und schenkt mit den positiven Schwingungen harmonische Energie und Frieden. Sie können den Tag mit diesem Mantra beginnen und beenden.

Ein sehr berühmtes Mantra in englischer Sprache ist das Mantra, mit welchem jede Kundalini Meditation beendet wird. Der Yogi Bhajan adaptierte ein Lied einer schottischen Hippie Band. Es lautet:

May The Long Time Sun Shine Upon You

And All Love Surround You

And The Pure Light Within You

Guide Your Way On

Übersetzt bedeutet das:

Lass die ewige Sonne auf dich scheinen

Liebe dich umhüllen

und das reine Licht in deinem Innern

dir den Weg weisen.

Natürlich können Sie jedes beliebige Wort verwenden. Wichtig ist, dass es in Ihnen positive Energien auslöst und Sie sich damit wohl fühlen. Es bringt wenig, wenn Sie lange Mantras aus dem Sanskrit auswendig lernen und aufsagen, wenn diese so gar nichts in Ihnen auslösen. Vielleicht fühlen Sie sich mit dem Satz: "Ich bin voll Liebe" oder mit "Ich fühle mich stark und eins mit dem Universum" einfach wohler. Sie können hier der Fantasie freien Lauf lassen, experimentieren, oder auch im Internet nach unterschiedlichen Mantras suchen. Um das

Selbstbewusstsein zu stärken ist das Mantra: "Ich bin genug" absolut zu empfehlen. Wichtig ist, dass Sie Ihr ganz persönliches Mantra finden, das Sie von nun an auf Ihrem Weg begleitet und auch im Alltag immer wieder erden kann.

Was ist Achtsamkeit?

Achtsamkeit bezeichnet die Art und Weise der Wahrnehmung. Diese sollte offen und neugierig sein und voller Akzeptanz stecken. Achtsamkeit zu lernen ist wichtig, um sich mit allen Sinne auf das Leben einlassen zu können. Genießen Sie jeden Augenblick mit absoluter Hingabe. Lassen Sie sich von den prächtigen Farben des Sonnenaufgangs verzaubern, freuen Sie sich wie die Schmetterlinge tanzen, oder wie intensiv die frisch gemähte Wiese duftet.

Auf dem Weg zu mehr Selbstvertrauen und Selbstbewusstsein ist Achtsamkeit so wichtig, da sie uns aus der Routine befördert. Wer Achtsamkeit pflegt ist zufrieden und langweilt sich nicht. Durch mehr Achtsamkeit im Leben können Sie jeden Augenblick intensiv aufnehmen und sich an allem freuen, was das Leben zu bieten hat.

Achtsamkeit hilft Ihnen dabei, das Grübeln abzustellen. Sie denken nicht mehr an gestern und machen sich auch keine Sorgen um morgen, denn einzig und alleine zählt der Augenblick, den Sie gerade erleben. Sie können durch mehr Achtsamkeit Stress abbauen, Ängste verlieren und sogar den Weg zurück aus einer Depression finden. Sie erfahren mehr Freude im Leben, da Sie die Welt neu für sich entdecken und mit allen Facetten hautnah spüren. Auch lernen Sie Ihren eigenen Körper besser kennen. Sie achten auf Signale die der Körper aussendet und können frühzeitig eingreifen. So können zum Beispiel eine Erkältung, Erschöpfungszustände und Schlimmeres vermieden werden. Auch im zwischenmenschlichen Bereich ist Achtsamkeit wichtig. Sie macht Sie zu einem besseren Menschen.

Achtsamkeit lernen bedeutet, die Aufmerksamkeit bewusst auf den Ist-Zustand zu lenken, ohne diesen zu bewerten. Sie werden gelassen und lassen sich nicht von Situationen stressen. Achtsamkeit bedeutet, lästige Gedanken weder zu verdrängen, noch zu analysieren. Dadurch verschwinden auch Ängste, etwas nicht zu schaffen, und das eigene Selbstvertrauen steigt.

Sie lernen Achtsamkeit indem Sie Ihre eigenen Schritte beobachten. Bemerken Sie, wie Sie sich abrollen, wie das Gras unter den Zehen kitzelt oder wie Ihr Atem geht. Schmecken Sie jeden Bissen intensiv und achten Sie auf die Gefühle die sich ausbreiten, wenn Sie das Essen schlucken. Wichtige Fragen, die Sie sich stellen sollten sind: Was sehe, höre und rieche ich gerade? Was passiert im Moment mit mir und meinem Körper? Wie empfinde ich?

Achtsamkeit ist auch ein wichtiges Thema in Partnerschaften. Intensive Blicke, herzliche Umarmungen, warme Küsse und sanfte Berührungen die durch das Achtsamkeits-Training entstanden sind, haben schon manch angegriffene Partnerschaft wieder neu aktiviert. Hinterfragen Sie nicht, ob der Partner Sie noch liebt wie am ersten Tag. Genießen Sie den Augenblick, schenken Sie Aufmerksamkeit und erleben Sie Hingabe pur.

Weitere Informationen sowie kostenfreie Bonusinhalte finden Sie auf unserer Verlagswebsite unter:

www.cherryfinance.de

Was ist Gelassenheit?

Garantiert haben Sie schon oft gehört: "Du musst einfach gelassener werden." Doch was steckt genau dahinter? Gelassenheit ist die Kunst, auch bei größtem Sturm die innere Ruhe zu bewahren. Wenn Sie immer und überall eine gelassene Haltung einnehmen, müssen Sie sich keine Sorgen um Nervosität oder Stress machen. Gelassenheit ist ein wichtiger Nährboden für ein zufriedenes und glückliches Leben - und für Ihr Selbstbewusstsein.

Erinnern Sie sich an Situationen, in welchen Sie komplett ausrasteten, weil eine Kleinigkeit Sie aus der Bahn geworfen hatte. In diesem Moment haben

Sie die Fassung und somit die Kontrolle über sich selbst verloren. In asiatischen Kulturen spricht man hier vom Gesichtsverlust. Doch nicht nur dort ist es ein riesen Thema. Auch in unseren Kulturkreisen verliert man schnell an Ansehen, wenn Wut, Aggression und unbeherrschte Dialoge das Handeln prägen. Wer von anderen nicht für voll genommen wird, hat auch keine Möglichkeit, ein stabiles Selbstbewusstsein aufzubauen. Daher ist es für den Weg zu mehr Selbstvertrauen und Selbstbewusstsein ebenso wichtig, Gelassenheit zu üben.

Der erste Schritt ist, Gefühle und Gefühlsausbrüche zuerst mit Achtsamkeit zu observieren. So kommt es nicht zu Überreaktionen. Das klingt doch relativ einfach, oder? Sobald Sie bemerken, dass eine Situation zu stressig wird, und es in Ihrem Bauch zu brodeln beginnt, schließen Sie einfach für einige Sekunden die Augen. Versuchen Sie tief in den Bauch zu atmen und konzentrieren Sie sich auf jeden einzelnen Atemzug.

Versuchen Sie, alle Muskeln zu entspannen. Meist spannen sich in stressigen Situationen vor allem die Gesichtsmuskeln enorm an. Sie können die Hände zu Fäusten ballen, diese für 10 Sekunden angespannt halten und anschließend lockern. Schütteln Sie danach Hände und Arme ruhig kräftig aus, so als würden Sie den Stress und die Wut abschütteln. Oft hilft es auch innerlich von 10 retour zu 1 zu zählen, damit sich das Gemüt beruhigt. Auch eine räumliche Trennung von der Situation ist eine gute Idee.

Verlassen Sie für einige Minuten den Raum, atmen Sie tief durch, schütteln Sie sich und kehren Sie frisch zurück.

Es gibt auch eine kleine Kurz-Meditation um in stressigen Situationen gelassen zu bleiben. Diese können Sie bequem im Sitzen oder Stehen durchführen. Sie beginnen damit, dass Sie die Füße fest in den Boden pressen und eine Erdung spüren. Nun spannen Sie kurz sämtliche Körperpartien an und lassen Sie diese wieder locker. Meist breitet sich der Stress rein vom Kopf aus. Achten Sie, dass der Körper aufrecht steht und drücken Sie die Schultern leicht nach unten. Stellen Sie sich nun vor, dass der Ärger direkt von Ihrem Kopf über den Nacken durch den Körper fährt und über die Füße im Erdboden verschwindet. Sobald der Ärger im Boden verschwunden ist heben Sie den Kopf an, richten das Kinn aufwärts, strecken sich kurz durch und schon dürften Sie sich besser fühlen.

Manchmal reicht es jedoch auch, einfach den Blickwinkel zu ändern. Versuchen Sie bewusst, die Situation aus einem anderen Sichtfeld zu betrachten. Versuchen Sie eine andere Facette des Gesprächs zu erkennen, das Sie gerade zur Weißglut gebracht hat. Sehen Sie den zerbrochenen Teller nicht als Verlust, sondern als Chance dafür, endlich neues Geschirr zu kaufen und natürlich ist ein gebrochener Fuß unangenehm, sollte Ihnen jedoch die Möglichkeit geben, endlich die drei Bücher zu lesen, die schon mehr als ein Jahr zu Hause warten. Sie sehen, hier kommt es rein auf die Perspektive an. Wenn es

Ihnen anfangs schwer fällt, stellen Sie sich einfach vor, wie Sie eine Brille aufsetzen, durch die Sie jede Situation anders betrachten können. Machen Sie ein kleines Rollenspiel daraus und finden Sie für jedes Ärgernis drei Alternativen.

Für ein Leben mit mehr Gelassenheit ist es auch wichtig, sich an Routinen und Rituale zu halten. Erwachen Sie morgens mit Dankbarkeit. Sie können den Tag mit einer kurzen Meditation oder 5 Minuten Yoga beginnen. Manifestieren Sie mit diesen kurzen Übungen den Gedanken, dass Sie am heutigen Tag nichts und niemand aus der Ruhe bringen kann. Stellen Sie sich vor dem Verlassen des Hauses vor, wie Sie einen unsichtbaren Regenmantel anziehen, der jeglichen Stress abprasseln lässt.

Sie können auch mit kleinen Hilfsmitteln arbeiten. Wunderbar eigenen sich dafür Düfte. Aromen können unsere Stimmung extrem beeinflussen. Oft genügt es, nur kurz einen dieser Gerüche zu vernehmen und schon ist jeglicher Stress wie weggepustet. Kamille, Orange und Lavendel haben eine stark beruhigende Wirkung. Sie könnten zum Beispiel eine Duftlampe an Ihrem Arbeitsplatz stehen haben. Für stressige Situationen ist es auch sehr hilfreich, wenn Sie sich zwei Tropfen der Öle auf Ihr Handgelenk träufeln und bei Bedarf kurz daran schnuppern. Orangen-Duft ist zudem der Duft, der mehr Selbstvertrauen schenkt. Steht eine wichtige rede vor der Belegschaft an, haben Sie eine schwere Prüfung vor sich oder bereiten Sie sich auf ein Treffen vor, das Ihnen Angst macht, greifen Sie am besten zu diesem Öl.

Auch ein kleiner Talisman kann in schwierigen Situationen die Rettung sein. Es muss nichts aufwändiges sein, Hauptsache Sie verbinden damit etwas Positives. Es kann der Stein sein, den Sie beim letzten Spaziergang am Ufer gefunden haben, oder ein Stoff-Taschentuch, das Sie von Ihrer Großmutter erhalten haben. Tragen Sie diesen Talisman am besten in der Hosentasche, so dass Sie ihn spüren können. In besonders ärgerlichen Momenten greifen Sie in die Tasche und berühren Sie das gute Teil. Sofort können Sie spüren, wie es besser wird und Sie sich wieder entspannen können.

Um dauerhaft gelassener zu werden, sollten Sie sich auch an folgende Punkte halten: Grenzen Sie sich von Menschen ab, die Sie nachweislich immer wieder in Situationen bringen, in welchen Sie die Fassung verlieren. Jeder hat diese Menschen im eigenen Umfeld. Man mag sie eigentlich ganz gerne, nur endet beinahe jede Unterhaltung im Streit. Entweder Sie sprechen das Problem konkret an und versuchen gemeinsam etwas daran zu ändern, oder Sie vermeiden diese Personen in Zukunft komplett.

Wenn Sie für weniger Ärger und mehr Gelassenheit in Ihrem Leben sorgen wollen, sollten Sie sich auch von den Medien abgrenzen. Wenn Sie täglich schreckliche Nachrichten sehen, hören und lesen, regt dies natürlich auf. Das bedeutet natürlich nicht, dass Sie ab jetzt absolut uninformiert durchs Leben gehen sollen. Wichtig ist jedoch, dass Sie die nachrichten filtern. Beginnen Sie damit, dass Sie auf keine Sensationsmeldungen mehr reagieren. Lesen Sie die Schlagzeile, aber googeln Sie nicht noch extra nach, wo und warum gerade wieder diese schrecklichen Taten passiert sind.

Bewegung, frische Luft und positive Menschen helfen ebenfalls dabei, gelassen zu werden. Sie werden überrascht sein, wie viel Energie Sie tanken können, wenn Sie täglich nur 10 Minuten durch den Wald laufen. Treffen Sie sich mit Menschen die gerne lachen und sich gerne unterhalten. Gespräche sind enorm wichtig und helfen Stress abzubauen und das Selbstbewusstsein zu stärken.

Achten Sie auf ausreichend Schlaf und eine gute Schlafqualität. Gehen Sie nicht verärgert ins Bett. Schalten Sie negative Gedanken ab und beenden Sie jeden Tag voll Dankbarkeit. Nehmen Sie keine Probleme mit dem Partner oder berufliche Schwierigkeiten mit ins Schlafzimmer. Nur so können Sie nachts auch wirklich die Energie tanken, die Sie am nächsten Tag wieder benötigen.

Ein Argument um gelassen durchs Leben zu gehen ist natürlich, dass Sie viele selbstbewusster wirken und sind. Gelassenheit hat jedoch auch gesundheitliche Vorteile. Sie schonen nicht nur Ihre Nerven und haben seltener Kopfschmerzen, auch Herzerkrankungen, Bluthochdruck und

Kreislaufbeschwerden können alleine durch mehr Gelassenheit deutlich vermindert werden.

Steine und Düfte für mehr Selbstbewusstsein

Lapislazuli ist ein Stein, der seit Jahrhunderten als Stein für mehr Selbstvertrauen und Selbstbewusstsein gilt. Sie können diesen Stein als Handschmeichler in der Hosentasche tragen, oder ihn als Anhänger an einer Kette verwenden. Wie bei allen Heilsteinen gilt auch hier, je mehr Hautkontakt vorhanden ist, desto größer ist auch die Wirkung und die Kraft, die vom Stein ausgeht.

Auch der Diopsid ist ein Stein, dem eine enorme Wirkung nachgesagt wird. Er stärkt ebenso wie der Granat das Selbstvertrauen, schenkt Mut, Energie und Willenskraft. Der Moosachat ist ein Stein, der besonders gerne bei Ängsten eingesetzt wird. Er soll Sicherheit und Selbstvertrauen schenken. Der Rubin bewahrt vor Orientierungslosigkeit, und hilft dabei, die Stabilität im Leben zu finden. Der Rubin schenkt nicht nur Selbstvertrauen sondern sorgt auch für Gelassenheit und einen mentalen Ausgleich.

Parfum stärkt generell das Selbstbewusstsein. Die Riechzellen der Nase sind direkt mit dem limbischen System verbunden und gerade in stressigen Situationen arbeiten unsere Sinne verschärft. Das bedeutet, Gerüche werden auch intensiver aufgenommen und verarbeitet. Zudem verleihen uns Parfums und Düfte eine bestimmte Eigenschaft. Sie können sexy, sinnlich, erfolgreich und eben auch nach Selbstbewusstsein riechen.

Wenn Sie schnell nervös werden, sollten Sie zu Parfums auf der Basis von Lavendel, Rosen, Jasmin oder Vanille greifen. Selbstbewusst und energetisch wirken Parfums, die auf der Basis von Rosmarin, Orangenblüte, Minze, Zitrone, Grapefruit oder Basilikum hergestellt wurden. Bergamotte ist ein Duft, der als Stimmungsaufheller gilt. Muskateller-Salbei hat eine euphorisierende Wirkung und wirkt gleichzeitig harmonisierend und ausgleichend. Der Duft nach Nelken hebt die Stimmung und Patchouli ist ein sehr anregender und beliebter Duft gegen Stress. Sie sollten am Duft von Zedernholz riechen, wenn Sie sich von Angst und Ärger befreien möchten. Zimt ist ein Geruch, der Geborgenheit verströmt und für Stärke und Ausgeglichenheit steht.

Nutzen Sie die Macht der Gerüche und lassen Sie Düfte sprechen. Diese fungieren als schützender Wall, als Hilfe für einen besseren ersten Eindruck und sind gleichzeitig Stimmungsaufheller. Natürlich ist es wichtig, dass Sie sich selbst mit dem jeweiligen Duft wohl fühlen. Es macht keinen Sinn, wenn Sie nach Rosmarin und Orange duften, den Duft selbst aber als unangenehm empfinden. Zudem ist es wichtig: Übertreiben Sie nicht mit dem Parfum. Auch hier gilt weniger ist mehr. Dürfte sollten stets dezent im Hintergrund stehen und dürfen sich nicht penetrant aufdrängen.

Sie können sich die Parfums und Duftöle für die Duftlampe bequem mischen. Achten Sie hier jedoch darauf, dass Sie zu einer guten Qualität greifen. Synthetische Öle sind zwar billig, haben jedoch meist auch nicht dieselbe Wirkung, die Sie von 100% pflanzlichen Ölen erwarten dürfen. Für ein entspannendes Bad können Sie diese hochwertigen Öle auch tröpfchenweise als Badezusatz verwenden.

Wellness und Massage für mehr Selbstbewusstsein

Die Haut ist unser größtes Sinnesorgan. Sie dient natürlich als Schutz und wir nehmen über sie Wärme, Kälte und Berührungen wahr. Über die Haut nehmen Sie Empfindungen wie Schmerz, aber auch andere Reize wahr. In der Kombination mit hochwertigen Ölen haben Massagen eine enorme Wirkung und können unter anderem auch das Selbstbewusstsein und Selbstvertrauen stärken.

Vielleicht waren Sie noch nie bei einer Massage, da es Sie einfach zu viel Überwindung kostet, sich vor einem fremden Menschen auszuziehen und von diesem berühren zu lassen. Genau mit diesem Schritt aber verlassen Sie gewohnte Wege. Überwinden Sie Ihre Zurückhaltung und lassen Sie sich fallen. Genießen Sie das Verwöhnprogramm und spüren Sie die Wohltat der Berührungen - einfach weil Sie es sich wert sind.

Ebenso wirkungsvoll wie selbst eine Massage zu genießen ist, die Kunst der Massage-Technik zu erlernen. Auch dadurch kann das Selbstbewusstsein aufblühen. Sie können zum Beispiel mit dem Partner oder einer Freundin einen Kurs für sogenannte Rebalancing-Massagen besuchen. Hier wird das Selbstvertrauen insofern gestärkt, als dass Sie erkennen, wie positiv Sie andere Menschen beeinflussen können und Gutes schenken.

So sieht es mit sämtlichen Wellness-Anwendungen aus. Maniküre und Pediküre oder ein Besuch in der Sauna tragen ebenfalls viel zu mehr Selbstwertgefühl bei. Selbst ein Besuch beim Friseur oder im Kosmetik-Studio heben das Selbstwertgefühl. Alles, das Sie glücklich macht trägt im Grunde genommen dazu bei.

Autosuggestion

Mit Autosuggestion lernen Sie, Ihr Unterbewusstsein zu trainieren und zu programmieren. Diese Methode hat im weitesten Sinn mit Selbsthypnose und Selbst-Affirmation zu tun. Im Grunde genommen handelt es sich bei Affirmationen um etwas ähnliches wie Mantras. Auch hier werden Sätze oder Worte immer wieder laut oder gedanklich aufgesagt. Die berühmteste Persönlichkeit, die sich erstmals mit Autosuggestionen befasst hatte war der Apotheker Apotheker Emile Couè. Er wurde mit seinem Satz: „Es geht mir von Tag zu Tag in jeglicher Hinsicht besser und besser." berühmt. Dieser wird auch heute noch von vielen Coachs erfolgreich und natürlich in zahlreichen Abwandlungen verwendet.

Dieser Satz hat daher eine so enorme Wirkung, da er absolut zukunftsorientiert aufgebaut ist und den Weg in ein besseres Leben vorgibt. Dieser Satz hat so viel Positives und ist zugleich auch in jeder Hinsicht ehrlich. Natürlich helfen Sätze wie: "Ich bin schön oder ich bin erfolgreich." vielen Menschen, doch lassen gerade diese Art von Autosuggestionen auch immer wieder Zweifel aufkommen.

Wenn Sie Affirmationen verwenden sollten Sie jedoch aufpassen, dass diese richtig formuliert sind. Nachdem diese Sätze eine positive Wirkung haben sollten, müssen sie auch immer positiv formuliert sein. Zudem ist es auch bei diesen Sätzen wichtig, dass Sie sich und das Universum nicht überfordern. Es reicht absolut, wenn Sie sich zu Beginn auf einen oder zwei starke Sätze konzentrieren.

Sie verfolgen immer ein Ziel nach dem anderen und genau so sollten Sie auch die Affirmationen und Autosuggestionen wählen. Zum Stärken des Selbstbewusstseins beginnen Sie jeden Tag mit dem Satz: "Mein Selbstbewusstsein wird von Tag zu Tag stärker und stärker." Diesen können Sie einige Male wiederholen und sich dazu ausgiebig strecken oder ihn in einer Meditationspose aufsagen. Sie können den Satz auch während Ihrer Jogging-Runde vor sich hersagen oder Sie stellen sich vor den Spiegel und bestärken sich selbst damit.

Auf keinen Fall dürfen Affirmationen mit einer Verneinung versehen sein. Das kann sich anfangs etwas tricky gestalten. Daher ist es wichtig, dass Sie sich die einzelnen Sätze gut überlegen, aufschreiben, analysieren und erst dann verwenden. Ein Satz wie: "Ich bin nicht schüchtern." ist somit ein absolutes No-go. Das kann damit begründet werden, dass das Unterbewusstsein genau diese wichtigen Worte wie nicht überhört und sich in Ihren Gedanken einbrennt, dass Sie schüchtern sind. Daher lassen Sie sämtliche Verneinungen bitte weg.

Zudem ist es wichtig, dass Sie realistisch bleiben. Sie können sich natürlich jeden Tag vorsagen, dass Sie ein Millionär sind. Begnügen Sie sich jedoch mit dem jetzt Erreichbaren. Ich habe ein gutes Leben und ein gutes Auskommen, oder ich verdiene genügend um ein tolles Leben zu führen sind Sätze, die realistisch und zu verwirklichen sind. Wichtig ist, dass Sie sich mit jedem einzelnen Satz identifizieren können und auch daran glauben.

Weiter ist es wichtig, dass Sie auch persönliche Affirmationen finden. Natürlich können Sie anfangs Beispiele verwenden. Wichtig ist jedoch, dass Sie diese individuell auf Ihr Leben zuschneiden. Wenn

Sie einen starken Leitsatz gefunden haben, der Ihnen gefällt, gehen Sie in sich und überlegen Sie, ob der auch tatsächlich zu Ihnen, Ihren Wünschen und Ihrem Leben passt. Sobald sich jedoch ein eigenartiges Gefühl einschleicht, sollten Sie nach einer anderen Affirmation suchen, oder den Satz etwas umformulieren.

Auch bei dieser Methode um mehr Selbstvertrauen zu erreichen ist es wichtig, dass Sie konsequent bleiben. Starten Sie mit einer Überzeugung und versuchen Sie, dass diese nicht abklingt. Die besten und stärksten Sätze erweisen sich als wertlos, wenn Sie diese nur drei Tage lang mit Euphorie verwenden, bevor diese wieder in der Versenkung verschwinden. Lassen Sie die Autosuggestionen zur täglichen Routine werden. Sie müssen dafür jeweils nur wenige Minuten aufwenden. Zudem lassen sich diese Sätze auch bequem in den Alltag einbauen und Sie können Sie sogar beim Autofahren aufsagen.

Sie können sich Ihren starken Leitsatz auch auf ein kleines Kärtchen schreiben, das Sie immer in der Hosentasche mit sich tragen. Sie können die Autosuggestion auch auf ein beliebtes Post-it schreiben und zum Beispiel an den Spiegel im Badezimmer kleben. Eine weitere Möglichkeit ist, den Satz auf Band aufzunehmen und immer wieder anzuhören. Dies klappt mit den heutigen Smartphones ganz ausgezeichnet. Zudem können Sie einen Bildschirmschoner mit Ihrer wichtigsten Autosuggestion kreieren. Werden Sie aktiv und kreativ - alleine des bringt Sie schon wieder einen

Schritt weiter in Richtung mehr Selbstbewusstsein und Selbstvertrauen.

Außerdem sollten Sie sich und auch die Sätze nicht unter Druck setzen. Lauern Sie nicht darauf, dass sich etwas verbessert. Verbannen Sie jegliche Skepsis und üben Sie sich in Geduld. Bleiben Sie entspannt und freuen Sie sich, wenn es jeden Tag in kleinen Schritten besser und besser wird.

Umgeben Sie sich mit den richtigen Menschen

Dieser Punkt ist vielleicht der wichtigste, wenn Sie damit beginnen wollen, etwas für mehr Selbstbewusstsein zu tun. Starten Sie damit, Ihr gesamtes Umfeld zu durchleuchten. Mit welchen Menschen umgeben Sie sich privat und während der Arbeit? Wie läuft hier das soziale Miteinander ab? Fühlen Sie sich wohl, unterstützt, oder sind hier Menschen dabei, in deren Umgebung Sie sich schlecht, klein und unsicher fühlen?

Finden Sie heraus, warum Sie bei manchen Menschen so empfinden. Gerade am Arbeitsplatz kommt es häufig vor, dass Kollegen sich selbst profilieren, indem Sie andere klein machen. Häufig wird das nicht so schnell bemerkt, oder man traut sich einfach nicht, daran etwas zu ändern. Vergessen Sie jedoch nicht, Menschen die Ihnen nicht gut tun rauben nicht nur Ihre Energie, Sie unterdrücken auch Ihr Selbstvertrauen. Daher ist es ganz wichtig, mit solchen Energiefressern aufzuräumen.

Es ist tatsächlich so, dass die Menschen, mit welchen wir die meiste Zeit unseres Lebens verbringen, dieses auch bestimmen. Auch wenn Sie in allen anderen bereichen auf dem besten Weg sind, fleißig Ihre Autosuggestionen aufsagen, meditieren und viel für sich selbst tun, diese Menschen werden Sie immer wieder hinunterziehen und Ihre gesamten Bemühungen zunichte machen.

Doch auch Mitmenschen die selbst zögerlich, unsicher und schüchtern sind, bringen Sie auf Ihrem Weg nicht nach vorne. Sie benötigen Freunde und Bekannte, die Sie antreiben und mit etwas Elan mitreißen. Solange der beste Freund seine eigene Komfort-Zone nicht verlässt, kann er Sie auch nicht auf dem Weg raus aus Ihrer begleiten. Auch wenn es sich hier um einen Seelenverwandten handelt, auf dem Weg zu mehr Selbstbewusstsein ist dieser vielleicht nicht der beste Begleiter.

Das bedeutet jetzt nicht, dass Sie sich von geliebten Menschen trennen müssen, nur weil diese etwas schwächer sind. Sie sollten sich der Situation jedoch bewusst werden. Solange Freunde und Bekannte ebenfalls in einem seichten Trott dahin leben, fällt es Ihnen weniger auf, dass auch in Ihrem Leben nichts vorangeht. Versuchen Sie sich gegenseitig zu motivieren.Denken Sie daran, Ratschläge von Menschen, die nichts verändern möchten, gehen nicht mit Ihrem Wunsch nach mehr Selbstvertrauen konform.

Denken Sie immer gut nach, wen Sie um Rat fragen und welchen Menschen Sie vertrauen. Freunde, de nicht möchten, dass sich irgendetwas in Ihrem leben ändert, werden Sie stets bremsen. Kollegen, die sich nur gut fühlen, wenn Sie größer sind als Sie selbst, werden Sie auch immer klein halten. Darum ist es wichtig, auch wenn Sie tolle Freunde haben, dass Se sich nach einem starken Verbündeten umsehen, der ähnliche Ziele hat. Dadurch kommen Sie auch nicht in die Zwickmühle, sich zwischen Freunden und dem persönlichen Glück entscheiden zu müssen. Und nur weil Freunde in der einen Beziehung nicht auf Ihrer Wellenlänge schwimmen, so sind sie doch für viele andere Bereiche dringend nötig.

Vielleicht aber möchte auch Ihr Freund oder Ihre Freundin tief im Innersten etwas verändern. Sprechen Sie offen und ehrlich über Ihre Pläne. Vielleicht haben Sie die Möglichkeit gemeinsam Visionen zu verwirklichen. Wichtig ist, dass die Menschen in Ihrer Umgebung ein guter Mix aus Personen ist. Diese sollen Sie mit alles Liebe unterstützen, zu Ihnen stehen, aber auch an der richtigen Stelle für den ein oder anderen Tritt in den Hintern sorgen. Nur in solch einem Umfeld kann sich Ihre Persönlichkeit frei entfalten und Sie können all Ihre Wünsche und Ziele erreichen.

Ziehen Sie einen Fazit. Befreien Sie sich von Menschen, die sich offensichtlich damit wohl fühlen, wenn Sie klein und unscheinbar im Hintergrund bleiben. Bleiben Sie Ihren Freunden treu, die Sie mit Liebe und Zuneigung versorgen und suchen Sie nach Verbündeten, welche die gleichen Ziele verfolgen. Seien Sie auch hier konsequent und lassen Sie sich nicht einschüchtern. Hören Sie auf Ihr Herz, aber auch auf Ihren Verstand.

Work-Life-Balance für mehr Zufriedenheit

Um selbstbewusst durchs Leben zu gehen, sollten Sie mit sich und Ihrem Leben rundum zufrieden sein. Einen großen Beitrag dazu trägt die sogenannte Work-Life-Balance. Damit ist die Ausgewogenheit zwischen Arbeit und Freizeit gemeint. Menschen die unter einem Burn-out leiden, oder als Workaholics gelten, haben es meist übersehen, diese Balance zu finden. Doch wie findet man diese goldene Mitte?

Die Work-Life-Balance kann eigentlich nur stimmen, wenn Sie mit Ihrem Job zufrieden sind. Dies ist die wichtigste Voraussetzung. Ist der Arbeitsplatz angenehm, sind die Aufgaben fair verteilt und die Arbeitskollegen sympatisch und werden Sie wertgeschätzt, so gehen Sie gerne zur Arbeit, nehmen jedoch keinen Ballast mit nach Hause. Somit kommen Sie zu Hause an und können sofort Ihre Freizeit genießen. Sie benötigen nicht erst Stunden, um den anstrengenden Arbeitstag hinter sich zu lassen, sondern können sich der Familie, den Freunden und den Hobbies widmen.

Andauernde Überstunden, arbeiten an Samstagen und Arbeit, die mit nach Hause genommen werden muss tragen ebenfalls nicht viel zu einer harmonischen Work-Life-Balance bei. Treten Sie hier selbstbewusst auf und fordern Sie Ihre Rechte ein. Denken Sie hier nicht nur an geregelte Arbeitszeiten, sondern auch an faire Bezahlung. Für die optimalen Verhandlungen mit Vorgesetzten wird Ihnen garantiert das Training im nächsten großen Kapitel helfen.

DAS TRAINING FÜR MEHR SELBSTVERTRAUEN UND SELBSTBEWUSSTSEIN

In diesem Kapitel stellen wir Ihnen zahlreiche Techniken und Trainings vor, die Ihnen dabei helfen, mehr Selbstvertrauen zu gewinnen. Arbeiten Sie alles in Ihrem eigenen Tempo durch und finden Sie die Methode, die Ihnen am angenehmsten ist. Diese Übungen erweisen sich in allen Bereichen des Lebens als sehr nützlich. Egal ob am Arbeitsplatz, im sozialen Umfeld und in der Partnerschaft, immer und überall ist es wichtig, selbstbewusst aufzutreten, um die eigenen Wünsche und Ziele zu erreichen. Stellen Sie sich nicht mehr länger in den Schatten anderer und greifen Sie endlich an.

Mehr Selbstvertrauen durch lesen

Lesen bildet und Bücher zu lesen bedeutet, viele Abenteuer im Kopf zu erleben. Doch inwieweit hat dies mit unserem Selbstvertrauen und Selbstbewusstsein zu tun? Vielleicht zählen Sie auch zu den Menschen, die zwar gut lesen können, jedoch Schwierigkeiten haben, das Gelesene auch laut vorzutragen. Vielleicht haben Sie eine Leseschwäche und Buchstaben purzeln während des Lesens durcheinander, oder Sie zählen zu den Menschen, die Schwierigkeiten damit haben, den gelesenen Text aufzunehmen und zu verarbeiten. In allen Fällen werden Sie sich immer unwohl fühlen, sobald das Thema auf das Lesen kommt. Egal ob im Beruf oder in der Freizeit, es ist einfach unangenehm, wenn anderen Menschen die eigenen Schwächen so deutlich auffallen.

Der einzige Weg um besser lesen zu lernen, ist zu Büchern, Zeitschriften und Magazinen zu greifen und einfach alles zu lesen, das sich anbietet. Versuchen Sie wirklich, sich dabei zu konzentrieren und lesen Sie täglich mindestens eine halbe Stunde. Nehmen Sie sich dafür auch Zeit und Ruhe. Lassen Sie sich von nichts ablenken. Nachdem Sie einen Text gelesen haben, lassen Sie diesen Revue passieren. Haben Sie alles verstanden? Falls nicht, lesen Sie den Text ein weiteres Mal, und resümieren Sie nach jedem einzelnen Abschnitt. Wenn es an Fremdwörtern liegt, die Sie nicht sofort verstanden haben, nutzen Sie den Duden und recherchieren Sie. Ziehen Sie das Lesetraining konsequent durch, denn nur so können Sie diese Schwäche ablegen.

Es ist wichtig, dass Sie zu dieser Schwäche stehen, sich davon jedoch nicht unterkriegen lassen. Sie haben Ihr Leben selbst in der Hand und auch hier können Sie mit nur etwas Übung alles von Grund auf ändern.

Nehmen Sie sich eine Passage aus der Zeitung oder aus einem Buch vor. Lesen Sie diese zuerst leise durch. Gerne auch mehrmals bis Sie sich sicher fühlen. Nun lesen Sie den Text laut. Versuchen Sie diesen nun mit unterschiedlichen Emotionen wiederzugeben. Lesen Sie den Text neutral im Stil eines Nachrichtensprechers und wiederholen Sie diesen anschließend mit sehr viel Gefühl. Achten Sie auf die richtige Betonung und auf eine klare Aussprache. Nun geht das Lesetraining auch schon nahtlos in unsere nächste Übung über.

Mehr Selbstbewusstsein durch Sprachtraining

Wenn Sie Probleme haben, vor anderen zu sprechen, dann ist es wichtig, dass Sie dies konsequent trainieren. Hier müssen Sie einfach über Ihren eigenen Schatten springen und allen Mut zusammennehmen. Sie müssen jedoch nicht von einem Tag auf den anderen ins kalte Wasser springen, sondern sollten sich Zeit geben, in Ruhe zu Hause zu üben und sich darauf vorbereiten.

Ein Anfang ist es auf jeden Fall, wenn Sie sich bemühen, im Freundeskreis etwas gesprächiger zu sein. Bringen Sie sich vermehrt in Gespräche ein und versuchen Sie auch von sich aus, eine Unterhaltung zu starten. Sie können sich zu Hause in aller Ruhe einige Themen überlegen, die interessant wären. Bereiten Sie sich ruhig vor und übern Sie diese Unterhaltung vor dem Spiegel.

Versuchen Sie immer mit kräftiger Stimme zu sprechen. Sie unterstreichen Ihr Selbstbewusstsein, wenn Sie laut und deutlich sprechen. Wichtig ist dabei, dass Sie auch die Zähne auseinander bewegen und den Mund beim Sprechen öffnen. Zudem sollten Sie während der Dialoge stets Blickkontakt mit Ihrem Gesprächspartner halten. Auch das lässt sich alles wunderbar zu Hause vor dem Spiegel proben. Verzweifeln Sie nicht, wenn es nicht auf Anhieb klappt und lassen Sie sich nicht entmutigen.

Nehmen Sie die Gespräche, die Sie zu Hause vor dem Spiegel führen auf und hören Sie sich diese später an. Gehen Sie nun kritisch an die Sache heran. Wie finden Sie das Aufgenommene? Lassen Sie sich nur nicht vom Ton Ihrer Sprachstimme irritieren. Aufgenommen hören wir uns alle anders an, als wir uns mit unseren eigenen Ohren während einer Unterhaltung hören. Wenn Sie Ihren gesprochenen Text aufarbeiten gilt es, folgende Kriterien zu beachten:

Passt die Lautstärke, mit der Sie gesprochen haben? Es soll weder zu leise, aber auch nicht aufdringlich laut sein. Wie sieht es mit der Sprachgeschwindigkeit aus? Sie sollten den Text nicht zu schnell herunter ratter, die Zuhörer dürfen jedoch auch nicht einschlafen. Achten Sie auf Fremdwörter. Diese sollten unbedingt korrekt ausgesprochen werden. Hören Sie kritisch hin. Haben Sie alle Satzenden optimal betont und auch keine Wörter verschluckt? Versuchen Sie wirklich Spannung in Ihren Dialog zu bringen. Nichts ist schlimmer, als einem monotonen Vortrag zu lauschen.

Wiederholen Sie diese Übungen immer und immer wieder und bereits nach wenigen Wochen werden Sie eine große Verbesserung in Ihrem täglichen Sprachgebrauch bemerken. Bei aller Kritik mit welcher Sie Ihre Dialoge betrachten, seinen Sie kritisch, aber nicht zu streng. Sie sind hier, um Ihre Sprache zu trainieren, nicht, weil Sie bereits der perfekte Redner sind. Seien Sie stolz auf jeden kleinen Fortschritt den Sie gemacht haben. Alleine der Versuch ist bereits Gold wert.

Einen eigenen You-tube Channel erstellen

Wenn Sie diese Überschrift gelesen haben, wird wahrscheinlich Ihr Herz schneller schlagen und Sie werden sich denken: No Way. Aber, schalten Sie die Ängste und Vorurteile gleich aus. Videos hochzuladen ist eine sehr effektive Übung. Natürlich sollten Sie im Vorfeld alle Punkte konsequent abgearbeitet haben. Erst dann ist es soweit, den nächsten Schritt zu unternehmen. Zudem sollten Sie gleich wissen, Sie müssen Ihre Videos ja nicht öffentlich schalten. Das bedeutet, niemand außer Sie selbst kann diese sehen, wenn Sie dies nicht möchten.

Suchen Sie sich ein spannendes Thema aus, zu dem Sie ein kleines Referat verfassen möchten. Das kann Ihr Hobby sein, ein Kochrezept, ein Thema rund um Haustiere und Handarbeiten, eine Buchvorstellung oder ein Beitrag rund um das Thema Kosmetik. Hier sind der Fantasie keine

Grenzen gesetzt. Bereiten Sie das Referat schriftlich vor. Danach lesen Sie es still einige Male durch und nehmen die letzten Verbesserungen vor. Danach lesen Sie den Text laut vor dem Spiegel vor und versuchen im Anschluss, den Text frei zu sprechen. Lassen Sie sich Zeit. Um ein Referat vorzubereiten können Sie sich bedenkenlos einige Tage geben.

Nun nehmen Sie sich selbst mit der Kamera auf. Achten Sie auf eine ordentliche Körperhaltung, halten Sie mit der Kamera Blickkontakt und sprechen Sie laut und deutlich. Danach sehen Sie sich das Video an. Falls Sie keine weitere Korrektur vornehmen möchten, können Sie es nun hochladen. Seien Sie ruhig mutig und stellen Sie das Video vielleicht doch auf öffentlich. Sie werden überrascht sein, wie stolz Sie sind, wenn die ersten Likes für Ihren Beitrag kommen. Ein Kanal oder ein einzelnes Video auf den sozialen Netzwerken kann enorm viel zur Selbstbestätigung und auch zum Selbstvertrauen beitragen. Je öfter Sie einen Beitrag erarbeiten und aufnehmen, um so besser werden auch Ihre Fähigkeiten. Schauen Sie sich von Zeit zu Zeit die älteren Videos und Beiträge an und seien Sie stolz auf die enorme Verbesserung, die Sie durchlebt haben.

Im nächsten Kapitel befassen wir uns ganz intensiv mit der Rhetorik. Hier lernen Sie, wie Sie andere Menschen durch Ihre Fertigkeit zu reden mitreißen und begeistern können. Inzwischen sind Sie auf diesem Gebiet etwas sicherer geworden und haben mehr Vertrauen zu sich selbst gefasst. Nun geht es darum, die Reden auch spannend zu gestalten.

Rhetorik üben

Unser Ziel ist es, dass Sie kein Herzklopfen mehr verspüren, wenn Sie vor fremden Menschen sprechen müssen. Dies erreichen wir dadurch, indem wir Sie auf diesem Gebiet wirklich satttelfest machen. So werden Sie bald mit viel Selbstbewusstsein vor anderen Menschen sprechen und können stolz darauf sein, was Sie alles durch eigene Kraft erreicht haben.

Zuerst sollten wir uns überlegen, wie eine Unterhaltung sein sollte. Auf jeden Fall muss sie informativ, spannend, unterhaltsam, gefühlvoll und aussagekräftig sein. Informativ bedeutet, Sie sollen nicht um den heißen Brei herumreden, sondern beim Thema auf den Punkt kommen. Auch sollten Sie auf den Spannungsbogen achten. Betonen Sie verschiedene Wörter und lassen Sie Emotionen in die Unterhaltung einfließen. Auch sollten Sie stets auf die eigene Körpersprache achten. Dadurch zeigen Sie, dass Sie hinter Ihren Worten stehen. Wenn Sie jede Unterhaltung, jede rede und jeden Vortrag nach diesen wenigen Punkten aufbauen, so kann nicht mehr viel schief gehen. Wie Sie aber mit etwas Übung zum wahren Meister auf dem Gebiet der Rhetorik werden, darum wollen wir uns nun kümmern.

Wie Sie Menschen mit Ihrer Sprache faszinieren

Wenn Sie vor Publikum eine Rede halten müssen, ist es natürlich wichtig, dass Sie diese vorbereiten und auch zumindest in Stichwörtern festhalten. Bedenken Sie jedoch, dass jede Rede, die sich auf dem Papier gut liest eine schlechte Rede sein kann. Geschriebenes Material ist meist viel neutraler und frei von Emotionen. Generell sind geschriebene Sätze auch um ein Vielfaches länger. Wenn Sie eine packende Rede vorbereiten, sollten Sie auf kurz, prägnante Sätze achten. Versuchen Sie Ihre Rede mit vielen gewichtigen Verben vorzubereiten. Diese haben einen weitaus höheren Emotionsgehalt als zum Beispiel Hauptwörter. Versuchen Sie mit Ihren Worten Bilder zu malen. Dafür benötigen Sie nur drastisch kurze Sätze. Bei einer Rede und einem Vortrag müssen Sie sich auch nicht um einen über korrekten Satzbau bemühen. Auch sollten Sie auf zu viele Fremdwörter und Fachbegriffe verzichten. In der Kürze der Sätze und deren Einfachheit liegt die Würze. Wichtig ist, dass Sie Ihr Publikum abholen und diese anhand Ihren Wörtern eine Geschichte vor Augen haben.

Verzichten Sie zudem auf Konjunktive. Sie würden nicht etwas erklären, sondern erklären es einfach. Sie hoffen in Ihrer Rede nicht auf Verbesserung, sondern gehen fix davon aus. Wichtig ist auch, dass Sie Ihrer Rede in Bildsprache nur die

Gegenwartsform verleihen. Trennen Sie Nebensätze ab und formulieren Sie daraus einen neuen Satz.

Das wichtigste an einer packenden Rede ist, dass diese auch einen energetischen Abschluss benötigt. So sehr Sie vielleicht mit Ihrer Ansprache die Menschen begeistert haben, ohne Aufforderung zu einer Handlung verläuft diese im Nichts. Fordern Sie Ihr Publikum nun auf, mit dem Gehörten aktiv umzugehen. Setzen Sie hier auf interaktives Handeln. Sie müssen sich vergewissern, dass Ihre Zuhörer Ihre Worte auch aufgenommen haben und verarbeiten konnten.

Dies ist nicht nur bei Reden vor großem oder kleinem Publikum wichtig. Dieser energetische und interaktive Abschluss wirkt sich auch positiv auf jede Unterhaltung aus, mit der Sie etwas bewirken wollten. Denken Sie nach, wem im Freundeskreis jeder gerne zuhört. Analysieren Sie, wie diese Person spricht und achten Sie nächstes Mal konkret auf den Satzbau - Sie werden überrascht sein.

Selbstbewusst wirken und das Unterbewusstsein der Zuhörer beeinflussen

Die beste Rede wirkt schlecht, wenn Sie nicht selbst authentisch rüberkommen. Zeigen Sie sich stark und selbstbewusst. Dazu müssen Sie sich nur vorstellen, dass Sie vor der Ansprache in ein Kostüm steigen. Dieses Kostüm ist nun Ihre Ritterrüstung und schenkt Ihnen Selbstbewusstsein. Dieses Kostüm soll jedoch nur Stärke verleihen, jedoch nicht Ihre eigene Persönlichkeit beeinflussen.

Ein absolutes No-go ist es aber, sich zu verkleiden. Bleiben Sie sich selbst treu, achten Sie jedoch auf ein gepflegtes Erscheinungsbild. Saubere Schuhe, gebügelte Kleidung, sauber manikürte Fingernägel, eine Frisur die Sitzt und ein angenehmer Körperduft machen das perfekte Kostüm aus. Wenn Sie optisch so selbstbewusst erscheinen, entsteht kein Zweifel, dass Sie auch tatsächlich selbstbewusst sind. Es ist leider so, dass unsere Welt eine oberflächliche ist und viel durch die Optik beeinflusst wird. Vergessen Sie also nie, wie wichtig der viel zitierte erste Eindruck ist, für den es keine zweite Chance gibt.

Sprechen Sie immer positiv über sich selbst. Machen Sie sich in keiner Unterhaltung klein. Lassen Sie keine Zweifel aufkommen, dass Sie ein absoluter Erfolgstyp sind. Sie können Ihre Fähigkeiten, Erfolge und Leistungen einfließen lassen, ohne jedoch prahlerisch zu wirken. Lassen Sie persönliche Erfahrungen einfließen. Diese wirken immer glaubhaft und werden gerne angenommen. Natürlich können Sie von eigenen Missgeschicken erzählen, ohne jedoch zu vergessen, dass Sie erwähnen, wie Sie diese später perfekt ausgebügelt haben.

Würzen Sie die Unterhaltung oder den Vortrag mit einer Prise Humor. Hier ist es wichtig, dass Sie die perfekte Balance finden. Sind Ihre Worte langweilig, so wird Ihnen niemand folgen. Doch dürfen Sie sich auch nicht zum Clown machen, es sei denn, Sie übern für eine Kabarett-Aufführung.

Vergessen Sie nie, den Monolog zu unterbrechen. Es muss nicht immer eine Zwischenfrage gestellt werden. Oft reicht es, wenn Sie Ihren Gesprächspartner oder das Publikum nur intensiv ansehen. Ein Nicken oder ein Kopfschütteln, eine Geste oder ein Lächeln würzen ebenfalls jede Unterhaltung. Rhetorische Fragen sind ebenfalls ein gutes Mittel um die Zuhörer zu fesseln.

Sie sehen, es ist nicht schwierig vor Menschen zu sprechen. Das wichtigste ist, dass Sie sich selbst überwinden und wissen, dass Sie es ausgezeichnet schaffen werden.

Körpersprache für mehr Selbstbewusstsein

Ihre Körpersprache verrät so ziemlich alles über Ihren Gemütszustand. Anhand Ihrer Körperhaltung können andere sofort erkennen, ob Sie sich unwohl fühlen, nervös oder unsicher sind. Doch keine Angst, mit kleinen Tipps und Tricks können Sie sich etwas selbstbewusster präsentieren, als Sie in Wirklichkeit sind. Zu Beginn mag diese Körpersprache eine Fassade und ein Schutzschild sein. Bald aber wird sich Ihr Ich soweit angepasst haben, dass Sie automatisch selbstbewusster sind.

Auch wenn Sie viele dieser Richtlinien für Körpersprache vielleicht kennen, lesen Sie diese bitte aufmerksam durch. Danach beobachten Sie sich selbst, wie Sie sich in den verschiedensten Situationen präsentieren. Das schöne an der Körpersprache ist, sie lässt sich mühelos und in Sekunden in jeder Lage korrigieren und anpassen.

Das wichtigste in diesem Bereich ist, dass Sie stets mit erhobenem Kopf durchs Leben gehen. Dadurch signalisieren Sie, dass Sie an sich selbst glauben. Recken Sie das Kinn leicht vor, senken Sie die Schultern und blicken Sie geradeaus. Achten Sie darauf, dass Sie immer und überall den Kopf erhoben haben. Egal ob Sie auf den Bus warten, durch die Gänge im Supermarkt schlendern oder Freunden gegenüber sitzen.

Sie erwecken Zuversicht, indem Sie nach oben blicken. Richten Sie Ihre Aufmerksamkeit niemals auf den Boden, Ihre Füße oder den Tisch. Zu Beginn können Sie sich vorstellen, dass Sie eine Krone auf Ihrem Haupt tragen und diese mit Stolz zeigen. Wenn Ihr Blick ständig auf den Boden abschweift, so könnten die anderen denken, Sie suchen nach einem Loch in dem Sie verschwinden können.

Auch eine gerade Körperhaltung demonstriert Selbstbewusstsein und Autorität. Diese Haltung darf jedoch auf keinen Fall angespannt wirken. Achten Sie darauf, dass Sie kein Hohlkreuz und keinen

Rundrücken machen. Ziehen Sie die Schultern ganz leicht und natürlich nach hinten. Zudem signalisieren Sie mit einer aufrechten Körperhaltung auch Respekt und Interesse. Auch im Sitzen sollten Sie immer auf eine aufrechte Haltung achten. Eine schlechte Körperhaltung wirkt immer schlampig.

Auch der Stand selbst ist wichtig. Sie müssen immer darauf achten, wie Sie Ihre Füße positionieren. Vergessen Sie nie, mit beiden Beinen am Boden zu stehen. Stellen Sie die Füße etwas breitbeinig auseinander. Sind die Füße zu eng nebeneinander gestellt, so wirkt dies unsicher und ängstlich. Auch sollten die Füße nicht gekreuzt sein. Vermeiden Sie es auch zu trippeln oder Schritte am Stand zu machen. Dies wirkt ebenfalls unsicher oder signalisiert, dass Sie auf die Toilette müssen. Im Sitzen ist es wichtig, dass die Fußspitzen immer in die Richtung des Gesprächpartners zeigen. So signalisieren Sie ebenfalls Interesse. Und vergessen Sie nicht, ein selbstbewusster Mensch ist immer auch an seinen Mitmenschen interessiert. Drehen Sie sich im Gespräch auch niemals weg. Auch dies kann Unsicherheit, Angst oder eben Desinteresse vermitteln.

Achten Sie auf Ihre Handflächen. Versuchen Sie stets mit den Handflächen nach oben zu gestikulieren. Dadurch erwecken Sie Vertrauen und wirken ehrlich. Auch sollten Sie auf ruhige und fließend Armbewegungen achten. Lassen Sie zu hektische Gestiken weg, es sei denn Sie sind Italiener.

Niemals aber dürfen Sie Ihre Hände in der Hosentasche oder der Jacke verstecken. Das würde bedeuten, Sie haben etwas zu verheimlichen. Auch wirkt es unsicher, wenn Sie in der Tasche herumnesteln. Egal ob im Sitzen oder Stehen, achten Sie auf eine offene Haltung und verschränken Sie niemals die Arme vor der Brust. Dies wirkt abweisend und wenig sympatisch.

Ein weiteres wichtiges Werkzeug Ihrer Körpersprache sind die Augen. Indem Sie anderen in die Augen blicken und den Blickkontakt auch halten, zeigen Sie, dass Sie selbstbewusst sind. Für viele ist dies sehr schwer, doch auch hier gibt es einen Trick. Sie können dem Gegenüber stets für zwei Sekunden in die Augen blicken und sich für jeweils weitere zwei Sekunden auf dessen Nase, Mund und Stirn konzentrieren. So rotieren Ihre Augen fast unmerklich und mit der Zeit haben Sie auch keine Probleme mehr mit direktem Blickkontakt.

Vermeiden Sie ein zu starkes Blinzeln und versuchen Sie im Gegenzug die Augen auch nicht zu sehr aufzureißen. Beides wirkt unnatürlich und häufig können Unwahrheiten durch zu starkes Zwinkern mit den Augen verraten werden. Üben Sie den direkten Blickkontakt unbedingt vor dem Spiegel. Achten Sie dabei auch darauf, dass Sie die Mundwinkel entspannen, ein Lächeln aufsetzen und die Stirn nicht angespannt runzeln.

Vielleicht gehören Sie auch zu den Menschen, die in einen Satz ständige "Ähhs" einfließen lassen. Meist ist dies nur Gewohnheit, eine sehr schlechte Angewohnheit noch dazu, die Sie aber abtrainieren können. Um diese Lückenfüller, zu denen auch häufige also und und zählen weg zubekommen, müssen Sie sich erst bewusst werden, dass Sie diese verwenden. Danach schrauben Sie Ihre Geschwindigkeit während des Gesprächs etwas herab, so dass Sie sich darauf konzentrieren können. Formulieren Sie Ihre Sätze kurz und beenden Sie den Satz. Anstatt des gewohnten "Ähhs" lassen Sie nun eine Pause von etwa einer Sekunde.

Ihre Körpersprache signalisiert auch Selbstvertrauen, wenn Sie interessiert wirken. Lassen Sie sich auf Ihre Gesprächspartner ein. Wenden Sie sich zu, verfolgen Sie die Unterhaltung aufmerksam und lassen Sie auch immer wieder einen Satz zwischendurch einfließen. Üben Sie Ihre Körpersprache bewusst. Sobald diese in Fleisch und Blut übergegangen ist, sind Sie selbst auch selbstbewusster geworden. Dies nennt sich Automatisierung.

Starke Haltungen für mehr Selbstbewusstsein

Wir alle kennen die Prominenten aus Film und Politik, die mit Ihrer Ausstrahlung faszinieren, mitreißen und nur so vor Selbstbewusstsein strotzen. Hinter all diesen Menschen stecken viele Trainer, die vorrangig an der Körpersprache dieser Menschen gearbeitet haben. Mit einigen dieser sogenannten Power Posen können Sie dies auch im Handumdrehen erreichen und erfolgreich und voll Selbstvertrauen rüberkommen.

Eine sehr energetische Pose ist es, die Hände in die Hüften zu stemmen. Dadurch verleihen Sie sich selbst nicht nur mehr Fläche, Sie erzeugen auch einen Energiefluss im eigenen Körper. Strecken Sie die Brust raus und achten Sie darauf, dass Sie etwa hüftbreit stehen. Natürlich dürfen Sie hier nicht vergessen, das Kinn etwas nach vorne zu strecken.

Bei Verhandlungen, die Sie abschließen möchten können Sie es ruhig wagen, etwas Stärke und Macht zu demonstrieren. Dazu stützen Sie sich einfach mit den Händen am Tisch ab. Die Handflächen sollen dabei eben aufliegen. Stehen Sie auf und beugen Sie sich leicht nach vorne. Dies wirkt auf andere vielleicht etwas einschüchternd, Sie beweisen jedoch, wie selbstbewusst Sie sind.

Im Sitzen können Sie sich zurücklehnen und die Beine gut öffnen. Es soll eine leichte Grätsche entstehen. Durch das Zurücklehnen fühlen Sie sich selbst nicht nur komfortabler, Sie vermitteln auch Wohlbehagen. Achten Sie darauf, dass auch die Arme eine offene Haltung einnehmen. Um diese Power Pose zu verstärken können Sie auch einen Arm hinter den Kopf halten.

Mit diesen kleinen Posen, die Sie sich simpel antrainieren können vermitteln Sie so viel Selbstbewusstsein, dass dieses bald auch tatsächlich in Ihnen wurzelt. Doch es ist nicht nur wichtig, auf die eigene Körpersprache zu achten, sondern auch in der der anderen lesen zu können. Im nächsten Kapitel möchten wir uns damit befassen, wie Sie in der Haltung Ihrer Gesprächspartner lesen können.

Das Training für mehr Selbstvertrauen und Selbstbewusstsein

Weitere Informationen sowie kostenfreie Bonusinhalte finden Sie auf unserer Verlagswebsite unter:

www.cherryfinance.de

Körpersprache lesen lernen

Es ist tatsächlich so, der Körper verrät so ziemlich viel und nicht nur Emotionen, auch Lügen und Wahrheiten lassen sich durch das Beobachten der Körpersprache herausfinden. Wenn Sie die Körpersprache Ihrer Mitmenschen lesen können, ziehen Sie daraus viele Vorteile. Dadurch können Sie sich sicherer und selbstbewusster fühlen.

Erkennen Sie im Nu, wie Ihr Gegenüber gerade in diesem Moment wirklich denkt und empfindet. Mimik und Gestik verraten und perfekt, ob Ihr Gesprächspartner kurz davor ist, vor Wut zu zerspringen, verunsichert ist oder Sie sogar anlügt. Ja

Sie haben richtig gelesen, sogar Lügen können Sie schnell entlarven, wenn Sie wissen, wie Sie in der Körpersprache anderer lesen müssen. Laut Studien der University of California in Los Angeles macht die Körpersprache mehr als die Hälfte der Wirkung einer Unterhaltung aus.

Generell ist ein Lächeln sympatisch und zeigt, dass der Gesprächspartner positiv eingestellt ist. Doch, auch das Lächeln kann sozusagen gefaked sein. Es ist jedoch relativ einfach, ein falsches Lächeln zu entlarven. Dazu müssen Sie nur ganz genau die Mundwinkel und die Augen betrachten. Sobald der Mundwinkel verkrampft ist, handelt es sich auch um ein nicht ganz zu aufrichtiges Lachen. Noch besser können Sie die Echtheit des Lachens an den sogenannten Lachfalten erkennen. Wenn die Augen mitlachen, dann ist das Lachen ehrlich und pur. Eine Begleiterscheinung dieses Lachens sind jedoch diese kleinen Fältchen rund um die Augen. Sind diese nicht sichtbar, ist es auch meist mit dem Lächeln nicht ernst gemeint. Lassen Sie sich nicht von vermeintlich freundlichen Menschen täuschen. Überlegen Sie, was diejenige Person hinter diesem falschen Lachen verbergen möchte.

Auch die Augenbrauen sind ein guter Indikator für die Ehrlichkeit des Gesprächpartners. Wenn sich die Augenbrauen Ihres Gegenübers stark nach oben ziehen, dann haben Sie diesen gerade überrascht. Hochgezogene Augenbrauen können auch Angst, Schrecken, Unehrlichkeit oder eine unangenehme Situation beschreiben. Lesen Sie in den Gesichtern

Ihrer Mitmenschen. Erhalten Sie ein Kompliment und der Gesprächspartner zieht dabei die Augenbrauen stark hoch, können Sie am Wahrheitsgehalt der Aussage zweifeln. Dies ist nicht schön, jedoch besser, bereits im Vorfeld bescheid zu wissen.

Auch anhand der Sprache können Sie viel erkennen. Rutscht die Stimme Ihres männlichen Gegenübers eine Oktave tiefer, so ist das ein Zeichen für Begeisterung. Weibliche Gesprächspartner verfallen bei Begeisterung häufig in einen melodischen Singsang. Hier können Sie von ehrlichem Interesse ausgehen. Diese kleinen Signale können Ihnen in allen Situationen viel Selbstvertrauen schenken, denn es ist immer gut, dem anderen um einen Schritt voraus zu sein.

Wenn während einer Unterhaltung der Gesprächspartner beginnt, Ihre eigene Körperhaltung zu imitieren, dann ist dies ebenfalls ein positives Zeichen. Das Kopieren von Mimik und Gestik sind ein Indikator dafür, dass die Unterhaltung als angenehm empfunden wird. Achten Sie hier darauf, ob Ihr gegenüber ebenfalls die Beine übereinander schlägt, oder mit den Händen gestikuliert.

Legen Sie viel Wert auf den Blickkontakt. Wenn Ihr Gegenüber diesem nicht stand halten kann, ist meist etwas faul. Senkt der Gesprächspartner ständig den Blick, oder lässt diesen im Raum kreisen, so können

Sie sich sicher sein, dass er sich unwohl fühlt, oder Angst hat, bei einer Lüge ertappt zu werden. Ein direkter Augenkontakt verlangt absolute Ehrlichkeit. Ist diese nicht vorhanden, so wirkt dieser bedrohlich und Ihr Gegenüber wird dem Blick ausweichen.

Wer Ihnen jedoch starr und ohne zu blinzeln in die Augen blickt, kann damit versuchen Sie einzuschüchtern, von etwas überzeugen zu wollen, oder einfach eine Unwahrheit verbreiten. Halten Sie dem Blick stand, und lockern Sie die Situation mit einem Lächeln auf - bleiben Sie jedoch auf der Hut. Wichtig ist jedoch, das gegenüber nie öffentlich auf eine Lüge anzusprechen. Machen Sie dies immer nur unter vier Augen.

Manche Menschen haben sich ausführlich mit der Körpersprache befasst und versuchen natürlich, diese zu ihrem Vorteil zu nutzen. Ein wichtiges Werkzeug um Selbstbewusstsein zu zeigen sind große Gesten. Ein breiter Stand, auffallende Posen und ein breites Lächeln signalisieren, dass Ihr Gegenüber durch nichts zu erschüttern ist. Bleiben Sie davon jedoch unbeeindruckt. Lehnen Sie sich entspannt zurück, machen Sie sich ebenfalls breit und schlagen Sie gemütlich die Beine übereinander. In harten Fällen können Sie in diesen Situationen auch die Beine auf den Tisch legen. Durch diese Reaktion können Sie Ihrem Gegenüber rasch den Wind aus den Segeln nehmen und beweisen, dass Sie mindestens genauso selbstbewusst sind.

Stress bei Ihrem Gesprächspartner erkennen Sie an einem starren Hals, einer gerunzelten Stirn, schmalen Lippen und zusammengebissenen Zähnen. Ärger und Wut drücken sich dadurch aus und es ist immer gut, diese Situation vorab zu erkennen, und diese eventuell zu entschärfen.

Beobachten Sie auch die Beine Ihres Gegenübers. Stehen diese breit am Boden, so ist die Person geerdet und alles in Ordnung. Unruhige Beine, wippende Knie und trippelnde Schritte sind ein Zeichen für Unwohlsein, Angst oder Sorgen. Hier können Sie ebenfalls während der Unterhaltung gekonnt auf den Gemütszustand Ihres Gegenübers eingehen.

Bei verschränkten Armen sollten die Alarmglocken läuten. Diese sprechen meist für eine abwehrende Haltung. Ihr Gegenüber will sich abgrenzen und lässt Sie nicht an sich heran. Hier sollten Sie jedoch sensibel vorgehen, und eruieren, warum die Arme verschränkt sind. Es kann auch daran liegen, dass es einfach fürchterlich kalt im Raum ist, oder der Stuhl keine passende Stütze für die Arme bietet. Meist gibt hier die Mimik schnell mehr Auskunft und verrät, wie Sie die Haltung der Arme zu deuten haben.

Kleine Manipulationen für mehr Selbstbewusstsein

Mit der Körpersprache können Sie bereits ziemlich viel beeinflussen und sich selbstbewusster präsentieren, als Sie vielleicht im Augenblick gerade sind. Dies verschafft in vielen Situationen einen enormen Vorteil und stärkt Sie zugleich. Manches Mal jedoch müssen Sie etwas tiefer in die Trickkiste greifen und Ihr Selbstvertrauen, Ihre Macht und Ihre Stärke zu beweisen. Wir verraten Ihnen hier nun einige Tricks, wie Sie Menschen ein klein wenig manipulieren können.

Sorgen Sie bei wichtigen Gesprächen immer für eine angenehme Atmosphäre. Für Verhandlungen wählen Sie dazu ein Umfeld aus, das nicht zu neutral ist. Sie können die Situation jedoch auch durch ein paar Häppchen, kleine Snacks oder ein besonders aromatisches Teegetränk auflockern. Diese kleinen Abweichungen von einem strikten verlauf lockern die Situation auf und nehmen auch Aggressionen.

Zeigen Sie Größe und überlegen Sie immer, wie Sie Ihren Mitmenschen einen gefallen tun können. Beobachten Sie die verschiedensten Situationen und springen Sie unaufgefordert helfend ein. So haben Sie immer einen Trumpf in der Hand, wenn Sie selbst einen Gefallen einfordern möchten.

Wie schon bei der Körpersprache erwähnt, ist es ein gutes Zeichen, wenn Ihr Gegenüber Ihre eigenen Bewegungen und Haltungen kopiert. Dies können Sie sich jedoch auch auf etwas manipulative Art zu Nutzen machen. Indem Sie Mimik und Gestik des Gegenübers spiegeln, erzeugen Sie Sympathie.

Spielen Sie mit dem Tempo Ihrer Sprache. Bemerken Sie, dass das gegenüber von Ihrer Meinung nicht wirklich überzeugt ist, sollten Sie die Sprachgeschwindigkeit ankurbeln. Ist der Gesprächspartner auf Ihrer Seite und Sie teilen eine Meinung, ist es wichtig, langsam und mit Bedacht zu sprechen.

Verblüffen Sie Menschen und sorgen Sie für einen Aha-Moment. Wenn Sie mit etwas Wortwitz, kleinen Anekdoten oder schlauen Randbemerkungen arbeiten, verwirren und verblüffen Sie Ihren Gesprächspartner. In diesen Momenten ist es stets einfacher, eine Bitte erfüllt zu bekommen.

Möchten Sie von jemandem etwas Großes erbitten, so warten Sie den richtigen Augenblick ab. Dieser ist nicht morgens, wenn Ihr Verhandlungspartner fit und ausgeschlafen ist. Die beste Möglichkeit um Bitten durchzusetzen sind Phasen, in welchen das Gegenüber müde oder sogar ausgelaugt ist. Das kommt daher, da Ihr Verhandlungspartner nicht mehr alle Kräfte aufwenden kann, um Ihnen zu widersprechen. Im Gegenzug aber lassen Sie sich selbst auch niemals auf Verhandlungen ein, wenn Sie geistig nicht fit sind.

Wenn Sie vor einer Situation stehen, in der Sie vor einigen Menschen eine Rede halten sollten, gibt es auch einen guten Trick, damit Sie die Teilnehmer von vorne herein unter Kontrolle haben. Besorgen Sie sich Bilder von Augen und hängen Sie diese im

Konferenzraum auf. Diese Augen wirken nicht nur einschüchternd, sondern signalisieren Ihren Gesprächspartnern, dass diese beobachtet werden. Dies wirkt auch, wenn Sie sich zum Beispiel zu Hause besser durchsetzen möchten. Mit einigen gut platzierten Augenpaaren können Sie sogar faule Teenager zum Aufräumen motivieren.

Kleine Hilfsmittel um eine selbstbewusste Körpersprache zu üben

Eine aufrechte und starke Körperhaltung ist wichtig und strahlt Kraft und Energie aus. Sie können zu Hause regelmäßig üben, wie Sie die optimale Haltung erreichen. Dies nimmt täglich nur wenig Zeit in Anspruch und schon nach einigen Tagen werden Sie bemerken, dass Sie nur an die Übung denken müssen, und Ihr Körper richtet sich automatisch auf.

Gehen Sie in die Hocke und stellen Sie sich vor, dass an Ihrem Scheitel ein Haken befestigt wird. Dieser ist mit einem Seilzug an der Decke befestigt. Ziehen Sie sich an diesem nun hoch. Gehen Sie immer höher und höher bis Sie ganz aufrecht und groß dastehen. Spüren Sie, wie Sie gänzlich erfüllt sind und den Raum erfüllen.

Wichtig ist auch ein aufrechter Gang. Diesen können Sie ganz einfach an jeder Hauswand üben. Pressen Sie sich mit dem ganzen Körper von hinten an die

Wand. Der Rücken, der Kopf und auch die Beine und Füße müssen eine Linie bilden. Halten Sie diese Position kurz inne, spüren Sie die Körperspannung und gehen Sie in dieser Haltung nun von der Wand weg. Sie können sich auch jederzeit eine imaginäre Wand vorstellen, an der Sie Ihren Körper wieder ausrichten.

Eine aufrechte und selbstbewusste Körperhaltung können Sie auch trainieren, indem Sie Dinge auf Ihrem Kopf balancieren. Dafür eignen sich entweder ein Kissen oder ein Buch besonders gut. Stolzieren Sie durch die Wohnung als würden Sie für Heidi Klums Next Topmodel üben. Das ist nicht nur gut für Ihre Körperspannung, sondern kann auch durchaus Spaß machen.

Erzeugen Sie positive Bilder in Ihrem Kopf. Stellen Sie sich vor, Sie sind groß und mächtig wie ein Baum. Je größer, stärker und mächtiger Sie sich selbst vor Ihrem geistigen Auge sehen, um so besser können Sie dies auch nach außen transportieren. Kombiniert mit einer kräftigen Stimme und einem stabilen Blickkontakt sind dies wahre Wunderwaffen, die Ihnen im Nu mehr Selbstbewusstsein schenken. Sie sind ein Riese mit einem enormen Wissen und einem großen Geist. Mit diesem Bild vor Augen können Sie es mit allem und jedem aufnehmen.

Die Sache mit der Nervosität

Erfolgreiche und selbstbewusste Menschen scheinen nie nervös zu sein. Doch dies ist nur Schein, sie beherrschen es lediglich perfekt, diese zu überspielen und zum eigenen Nutzen zu verwenden. Selbst Stars, die schon Jahrzehnte lang auf der Bühne stehen, leiden immer noch unter Lampenfieber, und das ist auch richtig so. Ob Sie vor einem ersten Date stehen, ein Bewerbungsgespräch oder eine Prüfung absolvieren müssen oder in einer anderen Situation nervös sind, es steht Ihnen zu, solange Sie dieses Gefühl als Treibkraft ansehen.

Die Art von Nervosität, die Sie Bäche schwitzen lässt, zum Stottern bringt und die Beine lähmt aber, müssen Sie bekämpfen. Auch hier können Sie mit unseren Tipps und Tricks üben. Haben Sie die Nervosität erst bekämpft, ist Ihr Selbstbewusstsein wieder um ein großes Stück gewachsen.

Lassen Sie Situationen die Sie ängstigen zur Routine werden. Treibt es Ihnen ständig den Schweiß auf die Stirn, wenn Sie vor Menschen sprechen müssen, so machen Sie es sich zur Gewohnheit. Durch stetes Wiederholen erhalten Sie Routine und die Nervosität verfliegt im Nu. Nutzen Sie auch jede kleine Möglichkeit vor anderen zu sprechen. Halten Sie Monologe. Jede Unterhaltung in welcher Sie etwas vortragen bringt Ihnen mehr Sicherheit.

Denken Sie an die nächste Familienfeier. Freuen Sie sich darauf ein Gedicht oder eine Geschichte vorzutragen. Drücken Sie sich nicht davor. Hand aufs Herz, was soll denn passieren? Auch hier ist wieder ein wichtiger Punkt, dass Sie Ihre bisherige Komfortzone verlassen.

Machen Sie sich frei von negativen Gedanken. Nein, Sie werden nichts vergessen und Sie werden auch nicht ins Stottern geraten. Radieren Sie diese Ängste aus und gewinnen Sie Vertrauen zu sich selbst. Sie werden sich garantiert nicht blamieren. Denken Sie an eine positive Affirmation. Verinnerlichen Sie, dass Sie den anderen etwas besonders Tolles, Wichtiges und Interessantes zu erzählen haben. Stellen Sie sich die Begeisterung der Zuhörer vor. Nur so können Sie die bisherige Negativ-Spirale durchbrechen.

Außerdem müssen Sie das Gefühl für das Publikum verändern. Spüren Sie positive Emotionen für Ihre Zuhörer. Sehen Sie den Vortrag nicht als lästige Pflicht für eine Horde Menschen, die es ohnehin nicht interessiert, sondern freuen Sie sich, dass Sie vielen tollen Menschen etwas Besonderes vermitteln dürfen. Sehen Sie diese Aufgabe als Geschenk und nicht als Bürde.

Akzeptieren Sie auch einen Ausrutscher. Es muss Ihnen nichts peinlich sein. Es macht nichts, wenn Sie rot werden, oder über den ein oder anderen Satz stolpern. Auch wird nicht immer alles begeistern oder andere erreichen. Lernen Sie, auch den einen oder anderen Lacher zu tolerieren. Auch wenn es schlimm kommt, die Welt geht davon nicht unter. Morgen wird trotzdem die Sonne wieder scheinen und ein neuer Tag mit neuen Chancen und

Möglichkeiten beginnt. Außerdem erkennen sich andere darin wieder, denn niemand ist vollkommen.

Lenken Sie sich im Vorfeld ab. So nehmen Sie sich die Möglichkeit, dass sich alle Gedanken nur um den zu haltenden Vortrag oder die Ansprache dreht. Sie haben sich optimal vorbereitet, das muss genügen.Gönnen Sie sich Zeit zur Ruhe und entspannen Sie. Hier kann sehr gut eine Meditation oder eine Atemübung helfen.

Setzen Sie sich für eine spezielle Atemübung auf einen Stuhl. Beugen Sie den Oberkörper nach vorne und atmen Sie tief in den Bauch ein. Stellen Sie sich dabei vor, wie der Bauch wie ein Ballon aufgeblasen wird. Richten Sie sich wieder auf, atmen Sie aus un entleeren Sie den Ballon wieder.

Wenn Sie lieber im Stehen üben möchten, stellen Sie sich auf die Zehenspitzen. Auch hierbei bitte wieder tief in den Bauch einatmen. Stellen Sie sich vor, er bläht sich wie ein Ballon auf. Gehen Sie von den Zehenspitzen auf die Ballen zurück und atmen Sie dabei aus. Der Bauch soll sich dabei wieder entleeren. Wichtig ist, dass Sie diese Atemübungen langsam und mit Bedacht durchführen. Nach wenigen Atemzügen werden Sie bemerken, wie ruhig Sie werden.

Streiten Sie Ihre Nervosität nicht ab. Sie können im einleitenden Satz bedenkenlos sagen, dass Sie ordentlich schwitzen. Dies macht Sie nur authentisch, ehrlich und sympatisch. Dadurch schaffen Sie eine verbindliche Nähe und das Eis ist gebrochen.

Die Sache mit dem Wortschatz

Niemand wird als Sprachtalent und großer Redner geboren. Der Wortschatz ist sozusagen die Basis Ihrer Rhetorik-Fähigkeiten. Durchschnittlich liegt der verwendete Wortschatz eines Menschen zwischen 30.000 und 50.000 Wörtern. Dies wirkt wenig im Anbetracht, dass die deutsche Sprache etwa aus 400.000 Wörtern besteht, von welchen knapp 120.000 Wörter im Duden vermerkt sind. Aktiv verwenden Sie pro Jahr etwa 5.000 unterschiedliche Wörter. In Klatschzeitungen werden nur etwa 1000 verschiedene Wörter verwendet. Das bedeutet, wenn Sie Ihren Wortschatz erweitern möchten, sollten Sie in Zukunft zu einer etwas besseren Lektüre greifen.

Ein einfaches Training für die Erweiterung des Wortschatzes können Sie täglich zu Hause absolvieren. Schalten Sie das Radio oder den TV ein und warten Sie auf die Nachrichten. Sprechen Sie die Sätze der Journalisten nun unmittelbar nach. Stellen Sie sich dabei vor, Sie sind ein Simultan-Übersetzer. Das mag zuerst etwas witzig klingen und ist auch nicht sofort reibungslos zu bewerkstelligen. Mit dieser Übung trainieren Sie jedoch nicht nur Ihren Wortschatz sondern auch Ihr Gehirn und Ihre

Reaktionsfähigkeit. Auch die Aussprache wird durch diese Übung trainiert. Wichtig ist, dass Sie dies alles laut nachsprechen. Haben Sie keine Scheu davor.

Wenn Sie sich nun fragen, was Rhetorik mit dem Selbstbewusstsein zu tun hat, ganz einfach: Wer wirkt selbstbewusster? Jemand der flüssig mit seinen Worten verzaubert, oder jemand, der einen Wortschatz auf Grundschul-Niveau hat? Genau und deshalb ist es wichtig, auch an Ihrem sprachlichen Talent zu arbeiten.

DIE VERWIRKLICHUNG

In diesem Kapitel geht es darum, alles, das Sie bis jetzt gelesen und trainiert haben, auch umzusetzen. Wenn Sie hier angekommen sind, verabschieden wir uns von der Theorie und greifen an. Nehmen Sie allen Mut zusammen und zeigen Sie nun der Öffentlichkeit, was in Ihnen steckt. Bezaubern und überraschen Sie andere und verblüffen Sie alle mit Ihrem neuen und selbstbewussten Auftreten. Wichtig ist nun, dass Sie wirklich den Schritt von der Theorie in die Praxis wagen. Der beste Ratgeber und die tollsten Übungen sind wertlos, wenn Sie sich nicht bemühen und anstrengen, diese auch umzusetzen. Das soll nun nicht als Mahnen mit dem erhobenen Zeigefinger wirken, Sie müssen sich jedoch bewusst sein, dass Sie alleine Ihr Glück in der Hand haben.

Zeigen Sie Ihre Stärken

In der Zwischenzeit sollten Sie sich Ihrer eigenen Stärken bereits bewusst sein. Falls Sie sich immer noch nicht sicher sind, sollten Sie sofort Papier und Bleistift zur Hand nehmen. Schreiben Sie nun alles auf, worin Sie besonders gut sind. Egal ob im beruflichen oder im privaten Bereich, es muss jede einzelne Stärke notiert werden. Denken Sie an die letzten Jahre zurück und notieren Sie, wo Sie besondere Erfolge verzeichnen konnten. Sie können auch Freunde und Bekannte fragen, worin Sie Ihre besonderen Stärken und Vorteile sehen. Schreiben Sie auf, wodurch Sie sich in der Arbeit sehr von anderen abheben. Es sollte eine ordentliche Liste entstehen. Sie müssen hier nicht zurückhaltend sein.

Gehen Sie hinaus und glänzen Sie wie ein Stück Gold an der Sonne. Präsentieren Sie sich von Ihrer besten Seite und freuen Sie sich darüber, wenn auch andere Ihre Stärken und Vorzüge bemerken und schätzen. Springen Sie über Ihren eigenen Schatten und machen Sie Dinge, die Sie bisher noch nie getan haben. Gehen Sie mit Freunden in eine Karaoke Bar und singen Sie vor dem Publikum. Reichen Sie Zeichnungen, Kurzgeschichten oder Gedichte bei einem Wettbewerb ein oder melden Sie sich zum Halb-Marathon an.

Das kostet Sie im ersten Moment einiges an Überwindung. Hinterher aber werden Sie von einem enormen Glücksgefühl belohnt, das Ihr Selbstbewusstsein nur so strahlen lässt.

Um erfolgreich zu sein ist es besonders wichtig, die Stärken und Schwächen zu kennen und einzusetzen. So können Sie sich wirklich auf alle Bereiche konzentrieren, in welchen Sie gut bis ausgezeichnet sind. Dinge die Ihnen einfach nicht liegen, können Sie beiseite lassen. Vergessen Sie nie: Man muss nicht alles können. Hier ist es auch wichtig, die eigenen Schwächen als solche zu akzeptieren.

Schwächen sind kein Makel und gehören zum Leben dazu.

Ihre Stärken jedoch sind Ihr Kapital von welchem Sie tagtäglich profitieren können. Sie können auch an Ihren Schwächen arbeiten und diese zu Stärken umändern. Dies ist jedoch zweitrangig, solange Sie mit dem zufrieden sind, was Sie bereits erreicht haben und können. Dennoch ist es wichtig, auch die eigenen Schwächen zu analysieren und zu hinterfragen. Auch hier nehmen Sie am besten wieder ein Blatt Papier und einen Stift zur Hand und machen sich Notizen.

Fragen Sie sich, worin Ihre bisher größten Misserfolge lagen und warum diese passiert sind. Notieren Sie sich Dinge, zu welchen Sie sich einfach nicht überwinden können und fragen Sie sich auch warum. Suchen Sie nach dem Grund der Blockade. Wichtig sind hier auch die emotionalen Schwächen herauszufinden. Was macht Sie traurig, ängstlich, wütend oder ungeduldig? Warum kommen Sie mit manchen Menschen besser aus als mit anderen? Fragen Sie sich auch stets, welchen Aufwand Sie betreiben müssten, um dies zu ändern. Ebenfalls wichtig ist es nun, dass Sie herausfinden, wie wichtig es Ihnen ist, immer stark zu sein, und was es tatsächlich für Sie bedeutet. Schreiben Sie dazu all Ihre Gedanken nieder und lesen Sie es immer wieder durch. Mit der zeit werden Sie feststellen, dass Sie diese Notizen überarbeiten müssen, da sich einfach die Perspektive ändert und sich Prioritäten verlagern.

Auch das ist normal im heutigen Leben. Das Leben ist Veränderung und nichts ist in Stein gemeißelt.

Unterteilen Sie die Liste Ihrer Schwächen nun in zwei Sparten. Auf der einen Seite schreiben Sie alle Schwächen auf, die Sie einfach akzeptieren, weil diese zu Ihnen gehören und auf der anderen Seite notieren Sie die Schwächen an welchen Sie arbeiten möchten. Anhand dieser Liste können Sie nun Ihre Konsequenzen ziehen. Das bedeutet, Sie müssen keine Energie für Dinge aufbringen, die Sie ohnehin nicht verändern möchten. Nun haben Sie Ihre wahre Identität gefunden, auf die Sie stolz sein können.

Kreieren Sie Ihr eigenes Markenzeichen

Werden Sie zu der Person, die für eine besondere Fertigkeit oder einen außergewöhnlichen Charakterzug bekannt ist. Überlegen Sie sich, welche der Stärken Sie dazu machen möchten und auch warum. Werden Sie zur Person mit dem schönsten Lächeln, die mit ihrer Fröhlichkeit alle ansteckt, oder der Mensch, der immer auf alles eine Antwort weiß. Vielleicht ist es auch Ihr Markenzeichen, dass man Sie in allen technischen Bereichen alles fragen kann, oder Sie sind genau die Person, die einen besonders grünen Daumen hat. Hier haben Sie wirklich allen Spielraum der Welt. Wichtig ist nur, dass Sie sich durch Ihr Markenzeichen tatsächlich von allen anderen abheben.

Sie müssen sich mit diesem Markenzeichen absolut wohl fühlen, denn so präsentieren Sie sich nach außen. Sie können auch optisch ein Statement setzen und zum Beispiel durch eine außergewöhnliche Haarfarbe, einen stylischen Schnitt oder ein typisches Kleidungsstück auffallen. Oft ist es einfacher, zuerst ein virtuelles Markenzeichen zu finden. Das können knallige Turnschuhe, ein violetter Schal oder eine bestimmte Art von Haarschmuck sein. Wichtig ist, dass Sie hier schon einmal ein Gespür dafür bekommen wie es ist, sich von anderen abzuheben.

Diese eigene Identität, die Sie so erschaffen, ist Grundstein für Ihre Persönlichkeit und auch Ihr Selbstbewusstsein. Denken Sie immer daran, Sie sind nur wenige Schritte davon entfernt die Person zu werden, die Sie schon immer sein wollten.

Vertrauen und Selbstvertrauen

Wenn Sie kein Vertrauen in sich selbst haben, können Sie auch niemals anderen Menschen das vollste Vertrauen entgegen bringen. Umgekehrt ist es auch so, dass wenn Sie niemandem vertrauen, das Problem meist beim eigenen Selbstvertrauen zu finden ist. Hinter jeder fehlenden Form von Vertrauen steckt eine gewisse Angst. Angst, etwas nicht zu schaffen, oder Angst, von anderen verletzt oder enttäuscht zu werden.

Jeder Mensch wird mit dem sogenannten Urvertrauen geboren. Je mehr dieses Vertrauen ab dem 2. Lebensjahr missbraucht wird, um so unsicherer wird der Mensch. Dies entwickelt sich in vielen Fällen zu einem psychischen Problem und Depressionen, Burn-out und Phobien können daraus resultieren. Daher ist es nicht nur wichtig, eventuelle Probleme mit dem Vertrauen zeitnah aufzuarbeiten, sondern das Übel bereits an der Wurzel zu packen. Wir alle sollten uns mehr darum kümmern, andere und sich selbst nicht zu verletzen.

Mangelndes Selbstvertrauen macht sich häufig auch in übermäßiger Eifersucht bemerkbar. Eifersucht ist ein Gemütszustand der verrät, dass die Person selbst so unsicher ist, dass sie keinem vertrauen kann. Kontrollzwang und die Unfähigkeit etwas loszulassen gehen damit einher. Eifersucht belastet nicht nur eine Partnerschaft, sondern kann bereits während der Kindheit zu einer extremen Belastung werden. Es beginnt damit, die Mutter nicht teilen zu wollen, zieht sich durch Gemeinheiten während der Pubertät und endet damit, dass sämtliche Partnerschaften im Vorfeld zum Scheitern verurteilt sind.

Wenn Sie durch Ihre Erziehung zu einem eifersüchtigen Menschen herangewachsen sind, können Sie dennoch selbst daran arbeiten. Ja, es ist sogar wichtig, das Problem zu erkennen, die Schuld nicht auf andere abzuwälzen und der Eifersucht den Kampf anzusagen. Nur wenn Sie diesen Kampf gewinnen, erhalten Sie Stück für Stück Vertrauen und Selbstvertrauen zurück.

Nun gilt es, sich ehrlich selbst zu betrachten. In welchen Situationen reagieren Sie eifersüchtig? Ist es nur der kleine Neid der aufkeimt, wenn die Jeans der Kollegin wieder besonders knackig sitzt, während Ihre Hose kneift und zwickt? Spüren Sie einen giftigen Stachel, wenn andere gelobt werden und Sie selbst untergehen? Oder ist es so schlimm, dass Sie zu Hause alle Jacken, Taschen, Notizbücher und das Telefon des Partner durchforsten? Egal wie stark ausgeprägt Ihre Eifersucht ist, Sie müssen in allen Fällen sofort etwas dagegen unternehmen, um endlich wieder zur Ruhe zu kommen und glücklich zu sein.

Es ist wichtig die Vertrauensbasis zu sich und den anderen wieder aufzubauen. Das gelingt jedoch nur, wenn Sie mit sich selbst beginnen. Starten Sie damit, dass Sie selbst ein Mensch werden, dem man zu 100 Prozent vertrauen kann. Das beginnt damit, dass Sie sich nicht extra optisch hervorheben müssen, nur um Ihren Wert unter Beweis zu stellen. Sicher, ein Quantum an Eitelkeit schadet nicht, jedoch müssen nicht alle Vorzüge mit Nachdruck betont werden. Seien Sie stolz auf sich selbst, aber wiederholen Sie nicht 10 Mal am Tag vor Ihrer dickeren Arbeitskollegin, wie stolz Sie auf Ihre tolle Figur sind. Hören Sie damit auf, sich beim Chef einzuschleimen und andere schlecht zu machen. Wenn Sie gut und gewissenhaft arbeiten, dann wird

118

jeder im betrieb Ihre Fähigkeiten erkennen und auch schätzen lernen. Und hören Sie auf, Geheimnisse vor Ihrem Partner zu haben. Nur wer etwas zu verbergen hat, vermutet dies auch ständig bei anderen.

Erst wenn Sie es geschafft haben an sich zu arbeiten, können Sie mit den nächsten Schritten beginnen. Danach müssen Sie beginnen los zulassen. Und zwar von dem Gedanken, dass andere so sein müssen, wie Sie gerne hätten. Viele fühlen sich schlecht, wenn andere sich nicht nach den eigenen Wünschen verhalten. Sie erhalten zu wenig Aufmerksamkeit und schon melden sich die Verlustängste. Sobald Verlustängste und Eifersucht aufkeimen ist das ein Zeichen, dass Sie sich minderwertig fühlen. Lassen Sie los und befreien Sie sich vom Konkurrenz-Denken und der Angst vor Unterlegenheit.

Eifersucht lässt sich nur ablegen, wenn Sie es als Gefühl erkennen, das Freude, Wut, Lust, Angst und Liebe gleichgestellt ist. Von all diesen Emotionen zählt die Eifersucht jedoch zu den schlimmsten Gefühlen. Und doch ist es ein Gefühl, das rein im Kopf ausgelöst wird. Das Gute daran ist, dadurch lässt sie sich auch relativ einfach bekämpfen.

Lassen Sie auch von jeglichem Besitzdenken los. Weder der Partner, noch das Ansehen in der Clique oder am Arbeitsplatz gehören Ihnen. Alles ist ein Geschenk, das Sie haben, wenn Sie es jedoch krampfhaft zu halten versuchen, werden Sie es verlieren. Durch eifersüchtiges Verhalten schaden Sie nicht nur sich selbst, sondern verletzen auch Ihre Mitmenschen. Und schon sind Sie in einer Spirale gefangen. Vergessen Sie nie, dass Eifersucht kein Zeichen für Liebe ist, sondern Angst und Hilflosigkeit - und mangelndes Selbstwertgefühl bedeutet.

Nach dem Loslassen kommt der nächste Schritt. Machen Sie nicht andere zum Mittelpunkt Ihres Lebens. Ihr Glück ist nicht von einem Partner oder von Ihrem Ansehen abhängig. Solang Sie etwas oder jemand anderen für Ihr Glück verantwortlich machen, werden Sie daran festklammern. Sobald Sie dies verlieren, bricht Ihre Welt wie ein Scherbenhaufen zusammen. Sie alleine sind für Körper, Geist und Seele und Ihr Glück verantwortlich. Dies müssen Sie tief verinnerlichen. Nur so können andere Ihr Leben bereichern. Nur dann befreien Sie sich von Verlustängsten.

Hören Sie auf, ständig sich selbst und alles was Sie besitzen, mit anderen zu vergleichen. Zufriedenheit und gönnen können sollten sich in Ihren Gedanken einbrennen. Seien Sie zufrieden mit dem was Sie haben und lernen Sie dieses auch zu schätzen. Das Gras im anderen Garten ist nicht grüner und auch die Kirschen sind dort nicht süßer. Sie haben alles, was Sie benötigen um glücklich zu sein.

Sobald Sie nun ein Gefühl von Eifersucht übermannt, schließen Sie die Augen. Denken Sie dabei an einen Menschen, der Sie von ganzem

Herzen liebt und Sie mit all Ihren Ecken und Kanten akzeptiert. Spüren Sie die bedingungslose Liebe, die dieser Mensch für Sie hat. Nun versuchen Sie, sich selbst mit den Augen dieses Menschen zu sehen. So erkennen Sie, wie toll, wertvoll, schön und einzigartig Sie sind. Saugen Sie all die positiven Gefühle auf. Sobald Sie nun die Augen wieder öffnen, fühlen Sie sich stark und geliebt und haben keinen Grund, auf etwas oder jemanden eifersüchtig zu sein.

Leiten Sie das Gefühl der Eifersucht um. Eifersucht ist ein starkes Gefühl, das viel Energie benötigt. Anstatt die Energie hier zu verschwenden sollten Sie beim Aufkeimen der Emotion etwas unternehmen. Suchen Sie sich einen Ausgleich. Gehen Sie laufen, üben Sie Gitarre, singen oder tanzen Sie oder beruhigen Sie sich mit einer Meditation. Verwenden Sie Ihre Leidenschaft für Hobbies. Beschäftigen Sie Ihren Geist. Häufig ist Eifersucht auch ein Zeichen für Langeweile und zu viel Zeit, den Geist mit sinnlosen Gedanken zu beschäftigen.

Liebe und Selbstliebe für mehr Selbstbewusstsein

Genau wie mit dem Vertrauen ist es auch mit der Liebe. Wer sich selbst nicht lieben kann, wird auch nie fähig sein andere zu lieben. Darum gehört die Selbstliebe unbedingt dazu auf dem Weg zu mehr Selbstbewusstsein, Glück und Erfolg. Denn wenn

Sie sich selbst nicht aufrichtig und tief lieben, dann werden Sie ewig auf der verzweifelten Suche nach Anerkennung, Glück und Liebe durch andere sein. Wenn Sie sich selbst nicht lieben, versuchen Sie dieses Gefühl von anderen zu erhalten. Dieses Thema haben wir in einem früheren Kapitel bereits ausführlich besprochen. Nun wollen wir jedoch Tipps und Tricks verraten, wie Sie im Zuge der Verwirklichung das Thema Selbstliebe schnell und effizient umsetzen können.

Hören Sie auf sich selbst und andere zu kritisieren. Unterstützen Sie die Ideen Ihrer Freunde und verfolgen Sie auch Ihre eigenen Pläne genau so eifrig. Behandeln Sie sich so, wie Sie auch von Ihren besten Freunden behandelt werden möchten. Vergessen Sie nie die Dinge, die Sie bereits erreicht haben und seien Sie stolz darauf.

Um aber wirklich Selbstliebe zu finden, sollten Sie sich täglich dafür 10 Minuten Zeit nehmen. Während diese Periode überlegen Sie, was Sie so besonders liebenswert macht. Anfangs sollten Sie die einzelnen Punkte noch notieren. Machen Sie Ihre Spiegel-Übungen und richten Sie an Ihr Spiegelbild laut eine Liebeserklärung, die aus dem tiefsten Herzen kommt.

Die Glaubenssätze verändern

Durch das Ändern der eingefahrenen Glaubenssätze schlagen Sie gleich mehrere Fliegen mit einer Klappe. Zum einen bewegen Sie sich raus aus der Komfortzone und versuchen Dinge aus einer neuen Perspektive zu sehen. Zum anderen bleiben Sie aktiv, übernehmen die Macht Ihrer Gedanken und Sie brechen aus den vorgefahrenen Schienen der Gesellschaft aus.

Durch das Ausbrechen aus der Box und das Blicken über den Tellerrand stärken Sie Ihr Selbstbewusstsein. Sie erkennen die Lügen, die bis jetzt vielleicht verantwortlich dafür waren, dass Sie sich klein, schwach, hässlich oder zu wenig gefühlt hatten. Viele diese Glaubenssätze haben sich so in unseren Alltag manifestiert, dass sie als Fakten gesehen werden. Wir aber nennen sie Lügen der Gesellschaft.

Häufig lassen wir uns einreden, dass wir nur mit einem Partner an der Seite glücklich werden können. Vergessen Sie das. Jeder ist auch alleine perfekt und nicht alle müssen dem Muster von Vater, Mutter und zwei Kindern entsprechen.

Häufig werden wir von Kindesbeinen an ermutigt, etwas "Ordentliches" zu lernen. Kreativität und der Drang nach selbständigen Arbeiten wird unterbunden, da es zu gefährlich und unsicher ist, sich in eine finanzielle Unsicherheit zu begeben. Auch von diesem Glaubenssatz können Sie sich verabschieden. Verfolgen Sie Ihre Pläne und glauben Sie an Ihre Träume.

Verabschieden Sie sich von Vorurteilen, Klischees und Stereotypen. Nehmen Sie nichts als gegeben hin sondern bilden Sie sich überall eine eigenen Meinung. Dies ist ein wichtiger Schritt in Richtung mehr Selbstbewusstsein. Stehen Sie zu dieser Meinung und scheuen Sie sich auch nicht, diese zu begründen.

Um dies als Training zu absolvieren, schreiben Sie diese Vorurteile und eingefahrenen Muster auf kleine Zettel. Diese können Sie nun verbrennen. Sie können diese Phrasen auch auf virtuelle Zettel notieren und diese anschließend in Luft auflösen lassen. In allen Fällen ist es wichtig, dass Sie deutlich sehen, dass diese Vorurteile und Klischees nicht mehr für Sie gelten. Befreien Sie sich davon, sprengen Sie die Ketten und treten Sie stark, mit eigener Meinung und selbstbewusst hervor. Lassen Sie sich nicht länger von der Gesellschaft in einer Kiste gefangen halten. Lassen Sie Ihre Gedanken und Träume frei und leben Sie ein selbstbewusstes Leben nach Ihren Vorstellungen.

Sich von den Glaubenssätzen zu befreien bedeutet nicht nur selbstbewusster, sondern auch glücklicher und erfolgreicher zu werden. Dass liegt daran, dass wir alles an das wir glauben, mit einer brennenden Überzeugung machen. Wenn wir für etwas brennen, dann kann es nur gut werden. Unsere eigenen Glaubenssätze werden zu unserer persönlichen Realität. Sie beflügeln uns, lassen uns neue Ressourcen erkennen und Resultate erreichen. Sie sehen also wie wichtig positive Glaubenssätze sind. Negative Glaubenssätze würden Sie bremsen und behindern.

Es macht alleine einen Unterschied ob Sie davon überzeugt sind dumm oder intelligent zu sein. Haben sich diese Gedanken manifestiert, so beeinflussen diese den weiteren Weg. Stellen Sie sich Ihre Glaubenssätze bildlich vor. Der positive Gedanke bildet einen starken Pfeiler. Von ihm geht eine Brücke in die Zukunft aus, die Sie überall hinbringen kann, wo Sie nur hin möchten.

Das bedeutet jedoch nicht, dass sich diese nicht beliebig verändern lassen. Auch hier ist nichts für die Ewigkeit und Sie können Ihre Glaubenssätze jederzeit optimieren. Vergessen Sie nie, Sie alleine haben es in der Hand und Sie sind nicht dazu verpflichtet, morgen noch der selbe Mensch zu sein, der Sie heute sind. Lassen Sie sich auch von Veränderung nicht einschüchtern und schon gar nicht von anderen Menschen, die Ihre Veränderung skeptisch beäugen. Mit der Veränderung Ihrer Glaubenssätze entkommen Sie auch der ewigen Opferrolle und entwickeln das Selbstvertrauen, welches Sie stark macht.

Wie Sie die Gründe für Selbstzweifel eliminieren

Selbstzweifel können Sie rasch aus der Bahn werfen. Wenn Sie sich ständig sorgen machen, dann verfallen Sie in destruktive Emotionen, die Sie tatsächlich auffressen und zerstören können. Körper, Geist und Seele geraten aus der Balance und Sie fühlen sich unsicher und schwach. Sie bauen sich selbst Grenzen und Barrieren. Auch hier haben wir in diesem Kapitel wieder einige Tricks und Tipps vorbereitet, wie Sie sich von den Selbstzweifeln und Sorgen befreien können. Wenn Sie hier angelangt sind reicht es nicht mehr, nur zu lesen, Sie müssen auch aktiv daran arbeiten, mental frei zu werden.

Natürlich wird es immer wieder vorkommen, dass Sie an einer Entscheidung zweifeln oder angestrengt überlegen, ob der eingeschlagene Weg der richtige war. Dies ist generell nicht schlecht, da diese Emotionen helfen, sich zu fokussieren. Doch sollten es stets nur Gedanken sein, die Sie verfolgen, analysieren und anschließend danach handeln. Treten Zweifel auf, fokussieren Sie sich neu, schlagen den neuen Weg ein und müssen die Zweifel hinter sich lassen. Ein ewiges Zaudern und "was wäre wenn" denken macht Sie auf Dauer nur krank. Konzentrieren Sie sich auf die Gegenwart. Vergangenes ist vorbei und die Zukunft steht in den Sternen. Das Heute ist wichtig. Lassen Sie los und konzentrieren Sie sich auf Ihre Mitte.

Nehmen Sie sich für diese Übungen etwa 30 Minuten Zeit und achten Sie darauf, dass Sie ungestört sind. Nur so können Sie auch wirklich entspannen und abschalten. Nehmen Sie eine komfortable Position ein. Am besten legen Sie sich auf den Boden, das Bett oder machen es sich auf der Couch bequem. Denken Sie daran, dass Sie sich akzeptieren, so wie Sie sind. Suchen Sie sich dazu einen schönen Satz wie: "Ich liebe und akzeptiere mich.", den Sie einige Male wiederholen. Zwischen den einzelnen Sätzen atmen Sie schnell und tief ein, und langsam wieder aus. Sie können nach einigen Sätzen auch eine neue Affirmation verwenden. Achten Sie unbedingt auf eine positive Formulierung, in der Sie betonen, dass Sie sich so akzeptieren, wie Sie sind. Vergessen Sie dazwischen das bedachte Atmen nicht.

Sie können sich auch selbst massieren, oder spezielle Akkupunktur-Punkte abklopfen. Die wichtigsten Punkte hierfür sind der Brustkorb-Rand, die Mulde in der Mitte des Hinterkopfs, die Außenseite des Schienbeins - 4 Finger unterhalb der Kniescheibe und die Mitte des Brustbeins.

Nehmen Sie eine bequeme Position ein. Entspannen Sie, schließen Sie die Augen und massieren Sie der Reihe nach die besagten Stellen. Sie können kreisende Bewegungen im Uhrzeigersinn durchführen, oder diese Stellen sanft abklopfen. Die Gedanken sollten Sie komplett abschalten, oder sich rein auf positive Affirmationen konzentrieren.

Stehen Sie danach auf, atmen Sie tief durch und sprechen Sie laut: "Es ist mir egal, was andere Menschen denken, ich bin perfekt so wie ich bin."

Sobald Sie während des Tages nagende Zweifel verspüren, halten Sie inne. Lokalisieren Sie, woher die Zweifel und Ängste kommen und versuchen Sie diese bewusst zu schlucken. Vertreiben Sie diese Gedanken wie dunkle Wolken.

Vergessen Sie nie die Weisheit aus dem Buddhismus die lautet: „Wir sind, was wir denken. Alles was wir sind, entsteht mit unseren Gedanken. Mit unseren Gedanken machen wir die Welt." - und handeln Sie danach. Nur so können Sie wachsen.

Hören Sie auf Ihre innere Stimme und das Bauchgefühl. Hören Sie tief in sich hinein, nicht nur im Augenblick, sondern bei jedem Spaziergang durch den Wald oder beim Yoga. Hören Sie in den Bauch hinein und fragen Sie sich, was Sie richtig glücklich macht. Notieren Sie sich diese Punkte und fragen Sie sich, was Ihnen hierfür im Weg steht.

Weihen Sie eine Freundin oder einen Freund ein und arbeiten Sie gemeinsam an diesem Problem. Schreiben Sie sich gegenseitig Dinge und Eigenschaften auf, die sie einzigartig machen.

Schreiben Sie auf einen Zettel sämtliche Fehler der Vergangenheit auf, die Sie belasten. Nun lassen Sie diese Zettel verschwinden. Sie können Sie verbrennen oder auch ganz banal die Toilette hinunter spülen. Zurück bleiben nur positive Gedanken.

Nutzen Sie Ihre Selbstzweifel aus, indem Sie Ihren inneren Kritiker umpolen. Wenn Ihnen das gelingt, kann er zu einem wertvollen Helfer werden. Achten Sie auf die Momente, in welchen sich dieser innere Nörgler meldet. Geben Sie diesem inneren Kritiker einen Namen. Sobald wir etwas beim Namen nennen können, verlieren wir den Schrecken davor. Nun können Sie den inneren Kritiker in seine Schranken weisen und gewinnen Oberhand.

Fragen Sie im Zwiegespräch den inneren Kritiker nach seiner Meinung, und warum er diese bestimmte Situation so negativ sieht. Führen Sie eine konstruktive Unterhaltung und diskutieren Sie die Situation aus. Der innere Kritiker ist in der Regel selbst nicht kritikfähig und es sollte einfach sein, ihn zu überzeugen. Anhand dieses Gesprächs können Sie nun eine Pro und Contra Liste erstellen. Nun haben Sie alles schwarz auf weiß aufgeschrieben und können überlegen und abwägen.

Das persönliche Selbstvertrauen Tagebuch anlegen

Auf dem Weg bis hierher haben Sie bemerkt, dass Sie häufig Notizen aufschreiben sollten. Nun ist der Zeitpunkt gekommen, an dem Sie ein eigenes Selbstvertrauen Tagebuch anlegen. Die ersten Übungen haben Sie mit Papier und Bleistift absolviert und von nun an können Sie schöne Listen und Rubriken anlegen. Dazu besorgen Sie sich am besten ein schön gebundenes Notizbuch, das Sie gerne zur Hand nehmen. Natürlich können Sie auch ein beliebiges Heft nehmen und die Umschläge nach Lust und Laune gestalten. Wichtig ist, dass Sie sich mit Ihrem Selbstvertrauen Tagebuch identifizieren und es immer gerne zur Hand nehmen. Dieses Tagebuch soll positive Emotionen in Ihnen auslösen.

Unterteilen Sie das Tagebuch in die verschiedensten Rubriken und Übungen. Wiederholen und überarbeiten Sie jedes einzelne Kapitel immer wieder. Dadurch können Sie sehen, wie viele Fortschritte Sie bereits gemacht haben. Darauf können Sie auch unendlich stolz sein. Durch das Führen des Tagebuchs und das Aktualisieren der Statistiken, Listen und Pro und Contras schärfen und schulen Sie Ihre eigene Wahrnehmung und sehen vieles klarer.

Ändern Sie die Perspektive

Suchen Sie sich einen stillen Ort und überlegen Sie, wie Sie Ihr Leben gerade sehen. Dadurch finden Sie Ihre Perspektive. Um diese zu ändern stellen Sie sich vor, dass Sie nun einfach das Fenster wechseln, durch das Sie bis jetzt auf Ihr Leben gesehen haben. Das klingt einfach, ist es auch. Überlegen Sie nun, wie das Leben aus den unterschiedlichen Perspektiven gesehen verläuft und machen Sie sich dazu Notizen. Versuchen Sie eine bestimmte

Situation aus mindestens vier unterschiedlichen Perspektiven zu betrachten.

Beurteilen Sie nun jede einzelne Perspektive. Achten Sie dabei auf negative Schwingungen, auf Realisierung und seien Sie ehrlich mit der Bewertung. Überlegen Sie nun, wie Sie von jeder einzelnen Perspektive aus persönlich beeinflusst werden. So finden Sie auch schnell heraus, welche Art des Lebens Ihnen mehr liegt. Sind Sie bereit für Risikos oder lieben Sie es doch eher sicher und geruhsam.

Negative Perspektiven und Vorurteile die diese beeinflussen sind hier ebenso wichtig. Diese müssen Sie hinterfragen und aufarbeiten. Stellen Sie sich dabei die berühmten Fragen: "Warum, was, wer und wie lange." Warum sehen Sie den Wechsel zu einer neuen Arbeitsstelle so risikoreich. Was könnte sich ändern? Wer wäre von diesem Weg betroffen und wie lange wären Sie damit glücklich.

Nun gilt es zu überlegen, woher diese Perspektive kommt. Jeder Blickwinkel wurde über lange Zeit quasi antrainiert. Erziehung, Religion, Politik, Medien, Lebenserfahrung, Reisen, das Umfeld und viele mehr beeinflussen unseren Blickwinkel. Sie werden bemerken, dass Sie in vielen Punkten festgefahren sind. Nun gilt es daran zu arbeiten und quasi den Horizont zu erweitern. Lesen Sie Bücher über fremde Kulturen, besuchen Sie Festivals, reisen Sie oder sehen Sie sich Dokumentationen zu verschiedensten Themen im Fernsehen an.

Perspektiven werden auch von Freunden, Bekannten und der Familie mit geprägt. Finden Sie heraus, wer welchen Blickwinkel mitbestimmt und umgeben Sie sich mit neuen Menschen, die die Welt etwas anders sehen. Durch Weiterbildung, Kurse oder auch neue Hobbies gewinnen Sie ebenfalls neue Perspektiven.

Nun gilt es kreativ zu werden und zu überlegen, wie das leben aus einem anderen Blickwinkel betrachtet aussehen würde. Stellen Sie sich die Situation vor und spielen Sie diese durch. Am einfachsten gelingt das, wenn Sie sich zum Beispiel ins Gras legen und den Himmel betrachten, oder einen Handstand machen. Blicken Sie durch Ihre Beine hindurch und schon sehen Sie, wie schnell es geht, die Welt aus einem anderen Blickwinkel zu sehen. Dadurch bekommen Sie ein Gespür für einen Perspektiven-Wechsel.

Versuchen Sie, sich für andere zu interessieren. Stellen Sie Fragen während einer Unterhaltung und lernen Sie von unterschiedlichen Meinungen. Hinterfragen Sie, ob Menschen in Ihrem Umfeld oft die Meinung und die Perspektive ändern und lernen Sie daraus. Bleiben Sie jedoch immer respektvoll und akzeptieren Sie, dass jeder, so wie Sie auch eine eigene Meinung haben können. Lassen Sie fremde Meinungen und Überzeugungen einfließen, sich jedoch niemals beeinflussen. Sie alleine entscheiden, wie Sie die Welt sehen.

Durch diese Übung erweitert sich Ihr Horizont. Sie lernen dazu und gewinnen an Selbstvertrauen. Diese Übung ist ein Training, das niemals endet. Das ganze Leben lang werden Sie neue Perspektiven kennen lernen und Ihren eigenen Blickwinkel immer wieder anpassen.

Vertrauen und Selbstvertrauen zurück gewinnen

Jedem von uns ist es garantiert schon einmal passiert, das Vertrauen eines geliebten Menschen verloren zu haben. Meist geschieht dies nicht aus purer List. Häufig stecken kleine Lügen dahinter, die man in der Annahme aufrechterhielt, um den Partner oder Freund nicht zu verlieren oder zu verletzen. Dahinter stecken meist pure Angst und Unsicherheit. Mit diesen Lügen und dem Vertrauensverlust geht auch unser Selbstvertrauen unter. Wer das Vertrauen in sich selbst oder das Vertrauen eines geliebten Menschen verloren hat, wird noch unsicherer und die Spirale droht sich bergab zu drehen. Daher ist es wichtig, dieses Problem so schnell als möglich in Angriff zu nehmen. Dazu gehören Mut und Courage, aber es lohnt sich ungemein.

Der erste Weg ist, in sich selbst zu gehen und das Vertrauen zu sich selbst wieder aufzubauen. Diesen Prozess nennt man Selbstheilung und ohne diesen Schritt geht es nicht weiter. Die nachfolgenden Steps sollten Sie auch verfolgen, wenn jemand Sie selbst enttäuscht und Ihr Vertrauen missbraucht hat.

Kommen Sie zur Ruhe und überlegen Sie genau, wie es zu dieser Situation kommen konnte. Schreiben Sie hier alle Notizen auf ein Blatt Papier und erstellen Sie eine Timeline. Wann hat der Vertrauensmissbrauch begonnen und warum? Sobald Sie dies herausgefunden haben, sollten Sie sich etwas Ruhe gönnen und abschalten. Versuchen Sie nicht ständig daran zu denken, sondern lenken Sie sich ab. Am besten wäre nun natürlich ein Kurzurlaub, aber auch ein Tag im Wald oder am See sind hier sehr hilfreich. Wichtig ist, dass Sie nicht zu Hause in Ihren eigenen vier Wänden sitzen und grübeln.

Im nächsten Schritt analysieren Sie Ihre erstellte Timeline. Hier ist es wichtig, dass Sie sich absolut vor Schuldzuweisungen distanzieren. Es darf hier nicht zu einer Verteilung von Opferrolle und Täter kommen. Zudem sollten Sie klar die Situation abgrenzen, die vom Missbrauch betroffen war. Nu weil Sie Ihren Partner oder Ihr Partner Sie in einem Bereich enttäuscht hat, bedeutet dies nicht, dass Sie Ihre gesamte bisherige Beziehung in Frage stellen sollten. Häufig geht es um Geld, oder um eine Unehrlichkeit bezüglich der Kinder. Verzwickter wird es natürlich wenn ein Seitensprung die Ursache ist, doch auch das kann geheilt werden. Sie müssen sich nun klar werden, ob Sie überhaupt mit dem

Vertrauensbruch leben können, oder einen klaren Schlussstrich ziehen möchten.

Alle betroffenen Parteien müssen sich bewusst werden, ob sie über den Vorfall hinwegkommen. Ist dies erst beschlossen, darf es auch kein Zurück mehr geben. Sie müssen sich selbst und dem Partner verzeihen können. Ist dies möglich, sind Sie auf der sogenannten Null-Linie angekommen. Von hier aus kann es nur mehr bergauf gehen. Ab diesem Zeitpunkt darf jedoch auch nicht mehr zurückgeblickt werden. Auch wenn vieles noch aufgearbeitet werden muss, ab jetzt geht der Blick nach vorne. Werfen Sie sich nichts mehr vor, weder dem anderen noch sich selbst. Wärmen Sie die Angelegenheit nicht mehr auf. Ewiges Sticheln und Diskutieren bringt Sie hier nicht weiter.

Nun ist der Vertrauensmissbrauch eliminiert, nicht vergessen, wenn es noch schmerzt, doch vom Tablett genommen. Nun fokussieren Sie sich auf all die positiven Dinge in der Beziehung. Hat der Missbrauch einen finanziellen Hintergrund, erinnern Sie sich daran, wie liebevoll Ihre Beziehung in all den anderen Bereichen ist. Ist es am Arbeitsplatz zu einem Verlust von Vertrauen gekommen, konzentrieren Sie sich auf die Bereiche, die Ihren Job so besonders machen. Denken Sie an die gute Bezahlung, das nette Arbeitsklima mit den Kollegen oder die interessanten Aufgaben. Hat eine Freundin Sie enttäuscht, dann erinnern Sie sich an all die guten Zeiten. Sprechen Sie auch darüber. Unterhalten Sie sich über sämtliche schöne Momente und spüren Sie, wie Stück für Stück auch das Glück zurückkehrt.

Fokussieren Sie sich auch auf andere Dinge in Ihrem Leben, die mit diesem Vorfall nichts zu tun haben. Gerne neigt man in diesen verbohrten Situationen alle Energie nur auf den negativen Vorfall zu produzieren. Vergessen Sie dabei jedoch nicht die tollen Dinge in Ihrem Leben. Familie, Gesundheit, Freunde, Hobbies, die Natur und vieles mehr haben es nicht verdient, dabei vernachlässigt zu werden.

Ziehen Sie aus dem Erlebten einen Fazit. Suchen Sie das Positive darin, denn nichts geschieht ohne Grund und auch hier passt das alte Sprichwort: "In allem Negativen ist auch immer etwas Positives zu finden." Wenn Sie diese einzelnen Phasen durchgearbeitet haben, werden Sie sich nicht nur wieder besser fühlen, sondern auch das Vertrauen zu sich selbst und anderen wieder aufgebaut haben. Dazu gehört natürlich auch eine ordentliche Portion Größe, die Sie aufbringen müssen. Darauf aber können Sie besonders stolz sein.

Wie scheinbar unmögliche Träume wahr werden können

Oft schmälern Wünsche und Träume, die sich nicht erreichen lassen, unser Selbstvertrauen. Daher ist besonders dieses Kapitel so wichtig, auch wenn es sich auf den ersten Blick utopisch anhört. Denn natürlich reicht es nicht, dass Sie sich etwas intensiv wünschen, damit es auch in Erfüllung geht. Manche Träume und Wünsche bleiben einfach unerreichbar. Mit der richtigen Technik und einer angepassten Perspektive aber gestalten Sie sich ein Umfeld, das diesen Wünschen sehr nahe kommt.

Wichtig ist, dass Sie sich immer auf die positiven Aspekte im Leben konzentrieren. Freuen Sie sich jeden Morgen darauf, was der Tag Schönes für Sie bereit hält. Alleine positive Gedanken vermögen es, dass Sie glücklicher und zufriedener sind. Positive Gedanken sind sogar dafür verantwortlich, dass sich Ihre Gesundheit merklich verbessert. Besonders psychische Erkrankungen können durch eine positive Lebensführung vermieden werden. Auch wenn Wünsche alleine das Leben nicht verändern, sie motivieren und treiben uns voran.

Glauben Sie an Ihre Wünsche und Träume, so wie Sie an sich selbst glauben. Durch die vielen Übungen mit Manntras und Affirmationen wird Ihnen das mittlerweile leicht fallen. Nur wenn Sie wirklich davon überzeugt sind, dass Sie alles schaffen können, dann können Sie dies auch bewerkstelligen. Durch positive Gedanken, Wünsche und Träume lassen sich Ziele einfacher erreichen.

Lassen Sie die Wünsche und Träume konkret werden. Es reicht nicht, wenn Sie sich wünschen reich und berühmt zu sein. Überlegen Sie, wofür Sie berühmt werden können und woher Ihre zukünftigen großen Einnahmen kommen könnten. Danach können Sie einen Plan fassen und das Ziel verfolgen. Egal ob Sie Schriftsteller, Sänger, Erfinder, Broker oder Sportler werden möchten, alles ist möglich. Sie dürfen nur nie vergessen, an sich selbst zu glauben und das Ziel deutlich vor Augen zu haben. Das Universum kann jedoch keine Wünsche erfüllen, wenn es an Substanz fehlt. Möchten Sie ein Rockstar werden, spielen jedoch weder Gitarre noch Schlagzeug, so wird auch das Universum machtlos sein. Hier müssen Sie selbst für eine Basis sorgen, denn von nichts kommt nichts.

Stellen Sie Ihre Träume und Ziele an erster Stelle und lassen Sie sich nicht davon abbringen. Auch wenn andere versuchen, Ihnen einen anderen Weg schmackhaft zu machen, bleiben Sie sich treu.

Überlegen Sie, welche Träume realistisch sind. Möchten Sie auf einem Einhorn reiten? Das wird natürlich nicht möglich sein. Statt dessen aber können Sie einen Reitstall besuchen, reiten lernen, oder vielleicht im Urlaub auf Elefanten oder Kamelen reiten. Träumen Sie davon ein Superheld zu sein? Dann warten Sie nicht darauf, dass Ihnen plötzlich Spinnennetze aus den Händen schießen. Überlegen Sie, wo Sie Gutes tun können. Helfen Sie freiwillig beim Roten Kreuz, unterstützen Sie Tierheime, Suppenküchen oder Obdachlosenheime und werden Sie so zu einem ganz besonderen Helden unserer Zeit. Sie werden sehen, wie enorm selbstbewusst und stolz Sie sich danach fühlen werden. Überlegen Sie auf diese Art bei jedem Wunsch, wie dieser sich auch realistisch verwirklichen lässt.

Diese Wünsche und Träume lassen sich natürlich nicht von heute auf morgen verwirklichen. Bleiben Sie geduldig und rechnen Sie auch immer mit Rückschlägen. Lassen Sie sich davon nicht unterkriegen. Sehen Sie die Steine, die in Ihrem Weg liegen als Baustoff für Brücken und Treppen. Betrachten Sie die Rückschläge kritisch und überlegen Sie, ob Sie vielleicht zu nachlässig waren, hinter Ihren Wünschen zu stehen und dafür zu arbeiten. Versuchen Sie es erneut und kommen Sie so dem Ziel immer ein Stück näher.

Zuletzt ist es auch wichtig, immer zeitnah die Initiative zu ergreifen. Heute ist der Tag, an dem Sie Ihre Ziele in Angriff nehmen müssen. Zögern Sie nicht, sondern handeln Sie. Warten Sie nicht auf den richtigen Moment, denn niemand weiß wann der wirklich ist. Um Ihre Träume und Ziele zu erreichen ist genau jetzt der richtige Moment. Bedenken Sie auch, wenn Sie sich jetzt an die Arbeit machen, werden Sie das Ziel auch bedeutend schneller erreichen.

Doch nicht nur wünschen und überlegen ist was zählt. Nun sollten Sie sich auch an die Recherche machen. Was benötigen Sie, um Ihren Traumberuf erlernen zu können? Wo können Sie die Sportart erlernen, von der Sie träumen? Möchten Sie neue Freunde mit ähnlichen Hobbies kennenlernen?

Dann suchen Sie nach Kursen und Veranstaltungen, auf welchen Sie diese treffen könnten. Das Internet bietet Ihnen eine große Auswahl. Somit haben Sie keinen Grund mehr, auch nur einen Tag länger zu warten.

Zum Abschluss sollten Sie sich auch hier eine Deadline setzen. Legen Sie ein Datum fest, und verfolgen Sie den Progress konsequent. Tragen Sie diese Fortschritte und sämtliche Stufen dazu in Ihrem Tagebuch für mehr Selbstvertrauen ein und markieren Sie kleine Zwischenerfolge bunt. So behalten Sie den Überblick.

Machen Sie aus Ihren Träumen kein Geheimnis. Erzählen Sie stolz von Ihrem Vorhaben und haben Sie keine Angst belächelt oder als Spinner abgekanzelt zu werden. Wahre Freunde werden Sie unterstützen und gegebenenfalls konstruktive Kritik beisteuern. Dies ist wichtig, um Sie auf der Spur zu halten. Nörgler und Zweifler sollten Sie ignorieren und meiden. Meist liegt es am mangelnden Selbstvertrauen und Mut dieser Personen, die es ihnen unmöglich machen, andere zu unterstützen und sich für andere zu freuen. Schnell kristallisiert sich heraus, wer in Ihrer Umgebung ein heilloser Pessimist ist, und wer einfach mit eigenen Ideen zur Verwirklichung Ihrer Träume beitragen möchte.

Greifen Sie ruhig nach den Sternen und vergessen Sie nie: Die ganze Welt steht Ihnen offen. Mit etwas Mut, Selbstvertrauen und Durchhaltevermögen lässt sich nahezu alles erreichen. Stellen Sie sich dazwischen immer wieder vor, wie schön es sein wird, wenn Sie am Ziel angelangt sind. Spüren Sie dieses Gefühl und lassen Sie sich davon tragen.

Mit Disziplin zu mehr Selbstbewusstsein

Disziplin ist ein wichtiger Bestandteil unseres Lebens. Es beginnt während der Schulzeit und setzt sich durch die gesamte Ausbildung oder das Studium fort. Am Arbeitsplatz ist Disziplin gefragt und auch in Bereichen wie Sport oder Ernährung geht es nicht ohne. Kinder müssen mit Disziplin erzogen werden und auch wenn Sie keine oder noch keine Kinder, dafür aber einen Hund haben, wissen Sie, dass auch hier Disziplin gefragt ist. Doch was ist Disziplin überhaupt und was hat sie mit Selbstvertrauen und Selbstbewusstsein zu tun?

Disziplin ist jenes Verhalten, das uns auf dem Weg zum Ziel begleitet und davon abhält, vom Weg abzukommen. Disziplin ist jene Eigenschaft, die erfolgreiche Menschen auszeichnet - und erfolgreiche Menschen sind nun einmal selbstbewusst. Dieses Verhalten bedeutet auch, dass Sie selbst enorm viel Energie aufbringen, um Ihre Ziele zu verfolgen. Disziplin ist eine eiserne Willenskraft, die nicht jedem angeboren ist, sich jedoch wunderbar trainieren und lernen lässt.

Durch viel Übung kommen Sie zum Ziel. Lernen und trainieren Sie jeden Tag kontinuierlich. Finden Sie Ihr eigenes System und Ihren Rhythmus. Wenn Sie eine neue Sprache lernen, wiederholen Sie die Vokabel jeden Tag. Wenn Sie kochen lernen möchten, so sollten Sie jeden Tag eine Kleinigkeit in der Küche zaubern und wenn Muskelaufbau Ihr Ziel ist, sollten Sie Ihren Körper jeden Tag bewegen. Es ist besser jeden Tag mit kurzen Einheiten zu beginnen, dafür dauerhaft durchzuhalten. Mit der Zeit erhalten Sie Routine und das tägliche Training verliert an Anstrengung.

Um diszipliniert arbeiten zu können ist es auch wichtig, dass Sie auf sich selbst gut achten. Da gehört ein gesunder und ausreichender Schlaf unbedingt dazu. Menschen die für Ihre enorme Disziplin berühmt sind, achten auf regelmäßigen Schlaf. Hier muss unbedingt die Balance zwischen Arbeit und Ruhephase stimmen. Es ist unmöglich ein Programm über einen längeren Zeitraum hinweg durchzuhalten, wenn Sie täglich nur 5 Stunden schlafen und den Rest des Tages hart arbeiten. Doch nicht nur der Körper wird sich bei zu wenig Schlaf nach kurzer Zeit verabschieden. Auch der Geist beginnt unkonzentriert zu sein. Zudem ist die Gefahr groß, dass Sie einfach die Lust am Projekt verlieren, weil es zu anstrengend ist. Daher planen Sie alles gut vorab und achten Sie darauf, dass neben Training oder diszipliniertem Arbeiten auch der Schlaf nicht zu kurz kommt.

Einen weiteren wichtigen Faktor beim Durchhalten spielt eine gesunde Ernährung. Achten Sie auf eine vitaminreiche Ernährung. Auch wenn Schokoriegel, Zucker und Co bekannt sind, kurzfristig einen Energieschub auszulösen, diese Energie sinkt nach einer hochschnellenden Kurve sofort wieder ab. Gewöhnen Sie sich an täglich Salat zu essen und stillen Sie Ihren Appetit auf Süßes durch Obst, Trockenfrüchte und Nüsse.

Nun wissen Sie, welche Grundvoraussetzungen optimal wären, um mehr Disziplin zu erreichen. Nun geht es daran sich selbst zu analysieren. Warum denken Sie, dass mehr Disziplin in Ihrem Leben nötig wäre? In welchen Punkten steht Ihnen der berühmte innere Schweinehund stets im Weg und in welchen Situationen lassen Sie sich von Ihren Plänen nur zu gerne ablenken? Seien Sie bei diesen Punkten ehrlich, denn es macht einen Unterschied, ob Sie aus Bequemlichkeit lieber aufgeben, oder im Endeffekt die Pläne anderer vor Ihre eigenen stellen. Ist es die sogenannte Faulheit, dann müssen Sie sich nur selbst einen kleinen Tritt in den Hintern geben. Wenn Sie jedoch anderen zuliebe immer wieder Ihre Spur wechseln so müssen Sie lernen standhaft zu bleiben. Erklären Sie den Freunden oder der Familie, warum es Ihnen wichtig ist durchzuhalten und scheuen Sie auch nicht davor "Nein" zu sagen.

Im nächsten Schritt müssen Sie sich selbst davon überzeugen, dass Sie durchaus diszipliniert sein können. Viele kokettieren mit der Eigenschaft einfach zu wenig Durchhaltevermögen zu haben.

Zudem müssen Sie sich selbst davon überzeugen, dass es rein in Ihrer Hand liegt. Niemand hat das Recht Ihnen zu sagen, ob Sie auf dem richtigen Weg sind oder nicht. Ziehen Sie Grenzen und gehen Sie mit stolz erhobenem Haupt Ihren Weg. Wenn Sie selbst ein Bild von sich haben, das Sie als disziplinierten Menschen zeigt, dann ist es am Ende des Tages auch viel einfacher, die Pläne einzuhalten.

Verjagen Sie Selbstzweifel. Vertreiben Sie den kleinen Teufel auf der Schulter der flüstert: "Du schaffst es nicht". Lassen Sie an seiner Stelle den kleinen Engel sitzen, der Sie mit gutem Zureden und Motivation unterstützt. Sehen Sie sich nicht länger als Versager. Auch wenn Sie in der Vergangenheit schon häufig Projekte abgebrochen haben und andere denken, Sie würden es nie schaffen. Beweisen Sie sich und der Welt, dass es anders ist. Entscheiden Sie sich auch hier für eine positive Lebenseinstellung. Fokussieren Sie sich und konzentrieren Sie sich.

Machen Sie sich Pläne. Tragen Sie auch hier Ihre Fortschritte täglich in Ihr Tagebuch für mehr Selbstbewusstsein ein. So haben Sie auch jeden kleinen Rückschlag immer im Überblick und Sie können sich selbst fragen, warum diese entstanden sind. Notieren Sie auch täglich, was Sie gebremst hat. Faulheit, Bequemlichkeit, Müdigkeit, Stress oder Erschöpfung können schuld daran tragen, dass Sie am Weg etwas gestrauchelt sind. Wenn Sie diese Vorkommnisse ebenfalls täglich eintragen, so können Sie auch so daran arbeiten. Eben, indem Sie künftig mehr schlafen, besser essen, sich weniger ablenken lassen oder Zweifel vertreiben. Anhand Ihrer eigenen Statistik erkennen Sie auch wunderbar, an welchen Tagen Ihnen Ihr Vorhaben besonders gut gelungen ist. Orientieren Sie sich an diesen Tagen und versuchen Sie die Atmosphäre, Stimmung und Kulisse dieser Tage vermehrt zu erzeugen.

Auf dem Weg zu einem rundum disziplinierten Verhalten hilft es häufig, das gesamte Leben etwas genauer zu strukturieren. Versuchen Sie den Tag stets zur gleichen Uhrzeit zu beginnen. Auch wenn Sie vielleicht im Moment nicht arbeiten, sollten Sie nicht bis nachmittags schlafen. Stellen Sie den Wecker auf 9 Uhr, beginnen Sie den Tag mit Meditation, Frühsport und einem nahrhaften Frühstück. Im Gegenzug sollten Sie sich auch angewöhnen, täglich vor Mitternacht zu Bett zu gehen. Auf dem Weg für mehr Disziplin in Ihrem Leben gehören auch Dinge wie regelmäßige Mahlzeiten und das Aufräumen der eigenen vier Wände dazu. Hören Sie auf, die Nachmittage gelangweilt auf dem Sofa zu verbringen und lesen Sie zum Beispiel ein gutes Buch, anstatt einer flachen Daily Soap zu folgen. Haben Sie so ein stabile Grundgerüst für Ihr Leben erschaffen, werden Sie sehen dass bereits alles viel einfacher geht, Sie mehr Zuversicht, Mut und auch Selbstbewusstsein erlangt haben. Machen Sie einen Haushaltsplan oder setzen Sie einen wöchentlichen oder monatlichen Speiseplan mit dazugehöriger Einkaufsliste auf. Ganz wichtig wäre auch, dass Sie einen Finanzplan erstellen. Hier können Sie mit einem simplen

Haushaltsplan beginnen, den Sie händisch oder sogar im Internet oder am Handy auf einer App führen können.

Gönnen Sie sich Pausen. Niemand kann 24 Stunden am Tag nur diszipliniert sein. Lassen Sie sich ein Stück Schokolade schmecken, legen Sie sich in den Park und träumen Sie mit offenen Augen oder gehen Sie einfach mit Freunden schwimmen. Achten Sie darauf, dass Sie auch während Ihrer Arbeitsphasen immer Pausen einplanen. Nach einer Stunde vor dem Computer oder den Büchern sollten Sie aufstehen, sich strecken, dehnen und kurze Atemübungen machen.

Last but not least sollten Sie auch lernen, sich im Sprachgebrauch diszipliniert zu verhalten. Das bedeutet, Sie sollten sich angewöhnen nicht zu schreien oder zu streiten. Bemühen Sie sich um einem angemessene Wortwahl und vermeiden Sie jegliche Kraftausdrücke. Disziplin in der Kommunikation ist eine Kunst, für die Sie garantiert viele bewundern werden. Versuchen Sie auch mit allem Menschen gleich freundlich umzugehen. Haben Sie nette Worte für die Kellnerin, auch wenn Sie Ihr Getränk vergessen hat und vergessen Sie nicht, dass sich auch die Kassiererin im Supermarkt über ein "Bitte und Danke" freut.

Verfolgen Sie Ihre Ziele. Machen Sie Ihre Pläne und ganz wichtig, setzen Sie sich durch, wenn andere versuchen Sie abzuhalten. Erkennen Sie, wenn jemand Sie ablenken oder verführen möchte. Bleiben

Sie konsequent und weisen Sie freundlich aber bestimmt darauf hin, dass Sie stolz darauf sind, den eigenen Weg zu verfolgen. Sie sehen Disziplin und Selbstbewusstsein haben eine ganze Menge gemeinsam. Sie alleine wissen, wie wichtig diese Sache für Sie ist. Im Gegenzug aber sollten Sie auch andere respektieren, die vielleicht einen anderen Weg verfolgen.

Mit mehr Selbstbewusstsein ein erfülltes Leben führen

Auch diese zwei Akteure gehen Hand in Hand und einer ist ohne dem anderen nicht fähig zu existieren. Sie können kein Selbstbewusstsein entwickeln, wenn Ihr Leben nicht erfüllt ist und umgekehrt. Daher ist es wichtig herauszufinden, wie erfüllt Ihr Leben im Moment ist. Schreiben Sie in Ihr Tagebuch sämtliche Begriffe auf, die Ihnen zum Thema erfülltes Leben einfallen. Beurteilen Sie ehrlich, ob Sie bis jetzt denken, ein erfülltes Leben geführt zu haben, und wenn ja oder nein, warum.

Betrachten Sie dafür sämtliche Sparten Ihres Lebens. Unterteilen Sie das Thema erfülltes Leben in die einzelnen Sparten: Finanzen und Beruf, Beziehungen und Familie, Sexualleben, Freizeit, Gesundheit oder auch andere Bereiche. Beurteilen Sie nun Ihre Zufriedenheit der einzelnen Bereiche auf einer Skala von 1 bis 10. 1 bedeutet, Sie sind absolut unzufrieden und 10 bedeutet das Gegenteil. Nun überlegen Sie, warum manche Bereiche eher schlechter bewertet wurden als andere.

Sie müssen nicht alle Bereiche mit einer 10 bewerten, viel wichtiger ist, dass sich die Zufriedenheit konstant durch alle Lebensbereiche zieht. Das bedeutet es ist besser, wenn Sie alle Sparten mit 8 bewertet haben, als beinahe alle mit 10 und nur 2 Sparten mit 2 zu bewerten. Denn dieser gleichbleibende Faktor bedeutet, dass Ihr Leben zwar durchschnittlich, aber eben konstant zufrieden ist. Versuchen Sie nun die Bereiche, die schlechter abgeschnitten haben zu analysieren und überlegen Sie, warum Sie hier weniger zufrieden sind. Nun gilt es, diese Bereiche auf Vordermann zu bringen.

Liegt es an der finanziellen Lage, überlegen Sie, wie Sie diese verbessern können. Hier hilft der altbewährte Haushaltsplan. Sind Sie im zwischenmenschlichen Bereich unzufrieden, überlegen Sie, woran es liegt. Vielleicht gehen Sie einfach zu wenig an die Öffentlichkeit. Peppen Sie Ihre sozialen Kontakte auf, oder treffen Sie sich einfach öfter mit Freunden. Arbeiten Sie an Ihrer Beziehung, überlegen Sie, wie Sie mehr Schwung in den Alltag bringen können.

Arbeiten Sie daran, Ihr Leben glücklicher zu gestalten. Vergessen Sie dabei jedoch nie auf Ihr Umfeld und denken Sie daran, auch andere glücklich zu machen, macht glücklich. Durch eine ausgewogene Balance aus Geben und Nehmen sorgen Sie für Harmonie und Zufriedenheit in Ihrem Leben.

Dem Leben einen Sinn geben

Warum soll das Leben einen bestimmten Sinn haben und was bedeutet das überhaupt? Generell sagt dies nichts anderes aus, als dass unser Leben einen bestimmten Zweck erfüllen soll. Dadurch gewinnt es an Bedeutung, für Sie selbst und auch für andere. Es bedeutet, dass Sie gebraucht und geschätzt werden und nicht ins Blaue hinein leben.

Wenn Sie denken, Ihr Leben hat keinen Sinn, werden Sie schnell deprimiert werden und die Hoffnung verlieren. Erkennen Sie jedoch einen Sinn in Ihrem Leben, so stärkt dies Ihr Selbstbewusstsein und Sie schreiten mit erhobenem Kopf und breiter Brust voran. Schließlich und endlich sind Sie wichtig.

Doch der Sinn des Lebens kommt nicht einfach, auch er will erarbeitet werden. Nicht jedes Leben und jeder Mensch soll den selben Sinn erfüllen. Daher ist es wichtig, dass Sie Ihren persönlichen und individuellen Sinn des Lebens finden. Hinterfragen Sie, welchen Zweck Ihre Existenz gerade in diesem Augenblick erfüllen soll. Auf welche Art und Weise geben Sie anderen und der Welt so viel, dass Sie dies in doppeltem und dreifachem Maße wieder zurück bekommen? Was macht Sie so außergewöhnlich, dass andere daran profitieren können, oder ohne nicht leben wollen? Nun heißt es einfach wieder recherchieren, in sich gehen und ausprobieren.

Gerade wenn Sie eben in die erste eigene Wohnung gezogen, und dem behüteten Zuhause entflohen sind, kann sich die ein oder andere Krise zeigen und das Leben irgendwie sinnlos wirken. Zuvor lebten Sie in einem dichten familiären Geflecht und Sie hatten Ihre Pflichten und Aufgaben. Nun aber scheint es, als würden Sie nicht mehr wirklich gebraucht. Sie sind nur mehr für sich selbst verantwortlich. Doch genau dies ist bereits ein wichtiger Lebenszweck. Sie alleine tragen die Verantwortung dafür, dass es Ihnen gut geht. Sie alleine bewältigen nun alle Aufgaben, für die bislang eine gesamte Familie verantwortlich war. Arbeiten gehen und Geld verdienen, die Wohnung putzen, einkaufen, Tiere versorgen und mehr - und genau werden viele stutzig und fragen sich: "Soll das der ganze Sinn meines Lebens sein?" Der Sinn kann doch nicht nur in arbeit und Verantwortung liegen.

Sie wollen nicht nur als fleißiger Arbeiter oder gute Hausfrau einen bleibenden Eindruck hinterlassen. Daher greifen Sie nun wieder zu Ihrem Tagebuch für Selbstbewusstsein und erstellen Sie eine Liste für den Sinn des Lebens. Notieren Sie hier alle Dinge, die Sie gut können, oder an welchen Sie besonders interessiert sind. Das kann jedes x-beliebige Hobby wie Fotografie, Musik, schreiben, tanzen, Sport oder malen sein. Dann sollten Sie Kurse besuchen und herausfinden, ob diese Hobbies Ihrem Leben einen tieferen Sinn geben.

Stellen Sie sich nun vor, Sie sind am Ende Ihres Lebens angekommen und müssen auf Ihr Leben zurückblicken. Was würden Sie gerne sehen? Wollen Sie zurückblicken auf ein Leben inmitten einer großen Familie, oder auf ein Leben, das von reisen geprägt ist? Wollen Sie der Welt in Erinnerung bleiben als ein Mensch, der sich um andere gekümmert hat und erfolgreiche soziale Projekte initiieren durfte? Auch hier stehen der Fantasie keine Grenzen und Sie können sich das Leben in allen Farben und Facetten ausmalen.

Danach gehen Sie zum Angriff über, denn jedes dieser Projekte will verwirklicht werden. Am Anfang jeder großen Familie steht die Partnersuche. Werden Sie aktiv. Möchten Sie viel reisen und die Welt erkunden? Dann recherchieren Sie, vielleicht wäre ein Work and Travel oder eine Arbeit als Digitaler Nomade absolut passend für Sie. Möchten Sie sich sozial engagieren? Dann suchen Sie nach Projekten, die Sie unterstützen können. Helfen Sie im Pflegeheim aus oder bieten Sie im Tierheim Ihre Unterstützung an. Diese Liste lässt sich beliebig lange erweitern.

Eine weitere Liste sollte nun Ihre Stärken und Talente auflisten. Woraus können Sie Profit schlagen? Welches Können lässt sich beruflich ummünzen? Wie können Sie damit Geld oder Ansehen erlangen? Sie können Bücher schreiben und so Ihr Hobby zum Beruf machen, Malkurse oder Tanzkurse geben, oder Nachhilfe anbieten.

Um diese Listen zu vervollständigen sollten Sie sich etwa 2 Wochen Zeit geben. Jeden Abend setzen Sie sich hin, überlegen, welche Höhepunkte Sie erlebt haben und woran Sie an diesem Tag besonders viel Spaß hatten. Notieren Sie sämtliche Aktivitäten und bewerten Sie diese anhand eines Punktesystems.

Nun ist es wichtig, dass Sie sich nicht verzetteln. Zu Beginn werden Sie eine schier endlose Liste erstellt haben. Hier liegt jedoch eine Gefahr begraben. Fokussieren Sie sich auf etwa 5 Punkte. Suchen Sie aus all den Vorlieben und Aktivitäten Ihre Prioritäten heraus, auf die Sie sich konzentrieren können. Geben Sie diesen 5 Punkten eine Chance und prüfen Sie jede Aktivität auf Herz und Nieren. Es ist wichtig, dass diese voll und ganz Ihren Wünschen, Träumen und Bedürfnissen entspricht.

Ebenfalls wichtig ist herauszufinden, warum Sie plötzlich nach einem neuen Sinn im leben suchen? Was langweilt Sie am jetzigen Zustand und warum sind Sie unzufrieden? Hat sich etwas an Ihrer Situation verändert oder scheinen Sie ewig still zu stehen? Trauern Sie etwas Vergangenem nach oder macht Sie der Alltag mürbe? Suchen Sie zu allen relevanten Themen Gründe, warum Sie diese ändern möchten und notieren Sie Gedankengänge, wie Sie sich dies vorstellen.

Machen Sie jedoch nicht alles vom Sinn des Lebens abhängig. Vielleicht sind Sie ja genau mit jener Situation so glücklich, auch wenn Sie den tieferen Sinn noch nicht entdeckt haben. Sie müssen nicht auf Biegen und Brechen eine Veränderung herbeiführen. Nicht alle Menschen müssen sich sozial engagieren, künstlerisch ambitioniert sein, oder durch sportliche Leistungen hervorstechen. Auch kann es umgekehrt sein, dass Sie Ihrem Leben einen tiefen Sinn geben, indem Sie sich für andere aufopfer - dies muss Sie jedoch nicht zwingend glücklich machen. Hier ist es wichtig, dass Sie tief in sich gehen und eine Balance finden.

Mitgefühl und Empathie

Mitfühlende Menschen werden in der Regel geliebt und geschätzt. Menschen die geschätzt werden tragen auch ein höheres Selbstbewusstsein mit sich. Daher liegt es auf der Hand, dass es wichtig ist, auch an Ihrer mitfühlenden Seite zu arbeiten.

Wie oft am Tag begegnen Sie Menschen, die Sie einfach nerven. Egal ob diese ständig nörgeln oder nur von Ihren Problemen erzählen. Hier sollten Sie ansetzen und versuchen, nicht sofort die Geduld zu verlieren. Probieren Sie stattdessen, dass Sie sich in diese Menschen hineinversetzen. Hinterfragen Sie, warum diese Menschen genau so sind, wie sie sind. Hören Sie zu. Nehmen Sie sich die zeit und überlegen Sie, wie Sie in genau dieser Situation denken, fühlen und handeln würden. Zeigen Sie Interesse. So können Sie anderen Menschen helfen und gleichzeitig auch viel über sich selbst erfahren.

Empathie und Mitgefühl bedeutet, dass Sie ein starkes Gefühl für Menschen entwickeln, denen es im Moment nicht so gut geht. Dies kann sich zu einem schmalen Gratgang entwickeln, denn Menschen, die zu viel Empathie verspüren, werden häufig auch ausgenutzt. Dadurch besteht die Gefahr, dass besonders mitfühlende Personen schneller unter Burn-Out und Depressionen leiden können, einfach, weil sie sich zu stark zurück nehmen. Hören Sie den Menschen zu und bieten Sie Unterstützung an, ohne jedoch den betroffenen Personen Ihre Sorgen nahtlos abzunehmen. Jeder muss sein Gepäck selbst tragen.

Doch wie kann man Mitgefühl und Empathie üben? Hier gibt es im Buddhismus einen schönen Meditations-Ansatz. Begeben Sie sich in eine beliebige Meditations-Position und stellen Sie sich vor Ihrem geistigen Auge eine Person vor, der Sie unbegrenztes Mitgefühl entgegen bringen möchten. Bauen Sie eine Herzenswärme auf und verinnerlichen Sie dieses Gefühl. Dieses sollten Sie nach einiger Zeit jederzeit abrufen können, wenn Sie nur daran denken. Dies ist hilfreich in Situationen, wenn Sie an Ihre Grenzen kommen und zwischen helfen, verstehen und verärgert sein hin und her gerissen sind.

Ebenfalls eine Möglichkeit ist es, sich Situationen vorzustellen, in welchen Empathie benötigt wird. Gehen Sie in Gedanken eine Straße entlang und stellen Sie sich vor, Sie würden am Wegesrand ein verletztes Tier entdecken. Spielen Sie nun im Geiste die Situation durch, wie Sie dem Tier helfen könnten. Oder stellen Sie sich vor, wie Sie ein weinendes Kind trösten, oder einen Bedürftigen helfen. Gehen Sie diese Situationen immer wieder durch und lassen Sie das Gefühl zu helfen tief wirken.

Spüren Sie, wie Ihr Körper von Licht, Sonne und Liebe eingenommen wird. Dadurch werden Sie auch mutiger, im realen Leben mehr für andere dazusein. Dies macht Sie nicht nur für andere sympatischer, sondern auch das Gefühl Gutes zu tun unterstützt Sie dabei selbstbewusst durchs Leben zu gehen, und zu Wissen, Ihr Leben hat einen Sinn.

Soziale Kompetenz

Bei der sozialen Kompetenz handelt es sich um jene Fähigkeit, durch die Sie mit anderen kommunizieren und interagieren können. Gerade in der heutigen Zeit kommt dieser Begriff vor allem bei Einstellungsgesprächen und Eignungstest immer wieder vor. Denn soziale Kompetenz verrät, wie teamfähig, belastbar, kommunikativ und motiviert Sie sind. Für ein glückliches und selbstbewusstes Leben ist es somit ebenfalls nicht irrelevant, an der eigenen Sozialkompetenz zu arbeiten.

Bereits im Kindesalter zeigt sich die Fähigkeit fürs Miteinander und die soziale Kompetenz entwickelt sich. Wer gerne lieber alleine in einer Ecke sitzt, anstatt mit anderen Räuber und Gendarm zu spielen, oder wer ständig in Streitereien oder Handgreiflichkeiten verwickelt wird, dessen soziale Kompetenz ist von Haus aus schwach ausgebildet.

Die soziale Kompetenz setzt sich aus vielen Eigenschaften zusammen. Glaubwürdigkeit, Verlässlichkeit, Einfühlungsvermögen, Toleranz, Belastbarkeit, Kritikfähigkeit, Durchsetzungsvermögen und Lernbereitschaft sind die Grundpfeiler der Sozialkompetenz. Starten Sie nun auf ein Neues mit einer Liste, schreiben Sie die Eigenschaften auf und bewerten Sie sich selbst ehrlich. Beurteilen Sie, wie gut Sie im Umgang mit sich selbst, mit anderen und im Bereich Zusammenarbeit und Vorbildfunktion sind.

An diesen Punkten gilt es nun aktiv zu arbeiten. Seien Sie ehrlich und versuchen Sie, bisher verwendete kleine Notlügen zu unterlassen. Seien Sie für andere da und stehen Sie zu Ihrem Wort. Hier ist vor allem das Thema Pünktlichkeit ein Punkt, an dem Sie selbst gut arbeiten können. Denken Sie sich in andere hinein und überlegen Sie, wie Sie in speziellen Situationen reagieren würden. Üben Sie mehr Toleranz. Gerade in der heutigen Zeit ist es nicht schwierig, sich vermeintlichen Randgruppen offener zu zeigen. Arbeiten Sie an Ihrem Durchhaltevermögen und gehen Sie nicht sofort in die Luft, wenn jemand nicht Ihrer Meinung ist. Zeigen Sie Willensstärke und setzten Sie Ihr neues Selbstbewusstsein ein, genauso, wie Sie stets bemüht sein sollten, Neues kennenzulernen und zu lernen. Stehen Sie jeden Tag mit dem Gedanken und dem Voratz auf, ein rundum positiver Mensch zu sein.

Soziale Kompetenz bedeutet nicht, dass Sie Auseinandersetzungen und Konfrontationen aus dem Weg gehen sollen. Lassen Sie sich auf Diskussionen ein, bleiben Sie jedoch sachlich, nüchtern, freundlich und ruhig. Versuchen Sie Ihr Talent in Kooperation und Konfliktfähigkeit.

Gute Übungen um die Sozialkompetenz zu schulen und gleichzeitig das Selbstbewusstsein zu stärken sind: Gehen Sie hinaus und versuchen Sie neue Kontakte oder Freunde zu generieren. Versuchen Sie Arbeitskollegen zu motivieren oder zu verstehen, und fragen Sie Freunde nach ihren Problemen. Loben Sie jemanden auf ehrliche Art und versuchen Sie Kritik in einen freundliche Art zu verpacken - ohne die anderen zu verletzen. Suchen Sie nach Gemeinsamkeiten, die Sie mit Freunden haben und versuchen Sie Kompromisse einzugehen. Fragen Sie nach Interessen der anderer und beschäftigen Sie sich damit.

Gute soziale Kompetenz zeichnet sich auch dadurch aus, dass Sie ein guter Zuhörer sind. Dabei ist es wichtig, dass Sie nicht nur Anwesenheit heucheln, sondern auch verstehen, vermitteln und erklären können. Auch argumentieren und debattieren gehören zur Sozialkompetenz dazu. Gleichzeitig sollten Sie auch schweigen können.Setzen Sie sich mit Fragen und Antworten sachlich auseinander und kommen Sie auch anders Denkenden mit Respekt und Anstand entgegen.

Erfolge feiern

Nicht immer klappt alles sofort und reibungslos. Daher ist es wichtig, dass Sie auch die kleinen Teilerfolge schätzen lernen, und diese zu feiern wissen. Sie sollten diese Erfolge nicht nur anerkennen und stolz darauf sein, sondern Sie auch wirklich feiern. Dazu müssen Sie sich jeden Abend fragen, was Ihnen an diesem Tag zum Beispiel besonders gut gelungen ist und worin der heutige Erfolg liegt.

Machen Sie dazu ein neues Kapitel in Ihrem Tagebuch für mehr Selbstbewusstsein. Machen Sie es sich zur Routine jeden Abend mindestens einen Erfolg zu verzeichnen. Zu den Erfolgen können banale Dinge zählen, solange Sie für sich selbst wichtig sind. Ob Sie ein schwierige Gespräch mit Arbeitskollegen gut absolviert haben, die Geduld nicht verloren haben oder einen tollen Abschluss verzeichnen konnten - es sind Ihre persönlichen Erfolge. Ein Schnäppcheneinkauf, das Erreichen eines bestimmten Gewichts oder ein Telefonanruf, den Sie schon lange vor sich hergeschoben haben können ebenso auf der Liste stehen wie ein gelungenes Date oder ein Gewinn beim Rubbellos.

Es ist so wichtig, dass Sie sich für die kleinen Erfolge belohnen, da diese im Alltag einfach zu schnell untergehen. Gönnen Sie sich je nach Lust und Laune ein entspannendes Vollbad, eine Kugel Eis oder tanzen Sie einfach durch die Wohnung. Wichtig ist, dass Sie diese kleinen Belohnungen zu einem täglichen Ritual machen müssen. So sehen Sie anhand des Tagebuchs, dass Sie jeden Tag tolle Dinge erreichen und Sie können stolz auf sich sein. Zudem werden Sie ein enormes Glücksgefühl verspüren, das Sie auch zukünftig und jeden Tag motivieren wird, immer noch besser, noch glücklicher und noch selbstbewusster zu werden.

Ist ein Tag einmal ganz schlecht gelaufen, so heißt das nicht, dass Sie versagt haben. Seien Sie dankbar, dass der Tag vorbei ist, Sie heil in der Wohnung angekommen sind und belohnen Sie sich einfach fürs Durchhalten.

Vom Idol zum Ebenbürtigen

In jedem Umfeld, egal ob im Freundeskreis oder am Arbeitsplatz gibt es diese bestimmten Personen, die sich extrem von uns abheben. Vielleicht haben Sie diese Kollegin, die jeden in den Bann zieht, auf alles eine Antwort weiß, sich für alle einsetzt und dennoch nie ihr Lächeln verliert. Insgeheim oder auch ganz offen bewundern Sie diese Kollegin und wünschen sich, doch so wie sie zu sein.

160

Hier liegt der erste Fehler begraben. Indem Sie sich wünschen jemand anderer zu sein, machen Sie sich als Person klein und unsichtbar. So können Sie kein gesundes Selbstbewusstsein aufbauen. Auf der anderen Seite ist es natürlich gut, sich an anderen zu orientieren, ohne jedoch dabei die eigene Identität zu verlieren. Es ist toll und wünschenswert, wenn Sie gute Eigenschaften in anderen Erkennen. Hier ist es wichtig, dass Sie diese auch neidlos zulassen. Neid und Eifersucht oder gar Missgunst sind tabu und Sie sollten diese Art der Emotionen nicht akzeptieren.

Welche Charaktereigenschaften schätzen Sie an Ihrem Gegenüber? Was unterscheidet Sie von dieser Person? Ist es das herzliche Lachen? Dann beginnen Sie den Tag von nun an immer konsequent mit einem Lachen. Lachen Sie die Passanten auf dem Weg zur Arbeit an und sehen Sie zu, dass sich Ihre Mundwinkel nicht nach unten ziehen. Dadurch gewinnt das Lachen an Automatismus. Doch Vorsicht, es darf auf keinen Fall ein gezwungenes, falsches Lachen sein. Denken Sie an schöne Düfte, an Sonne, Sand und Meer sobald Sie lächeln, und schon wird das Lächeln herzlicher und ehrlicher.

Durch gut trainierte und gefühlte Sozialkompetenz sind Sie später auch in der Lage, die Mimik, Gestik und die Stimmfarbe Ihres Gegenübers besser einzuschätzen und konkret darauf einzugehen. Das hilft Ihnen dabei, den Charakter des Menschen einzuschätzen, zu analysieren und die besten Eigenschaften auch für sich zu nutzen.

Konstruktive Kritik

Kritik ist eine zweiseitige Angelegenheit. Natürlich ist es im ersten Moment verletzend, für etwas kritisiert zu werden. Doch richtig eingesetzte Kritik schenkt uns auch die Möglichkeit, und weiter zu entwickeln. Die Kritik sollte jedoch nie persönlich genommen werden. Um dies zu schaffen ist natürlich auch eine ordentliche Portion Selbstbewusstsein notwendig. Kritik ist jedoch wichtig für unsere Kommunikation. Sie können nicht immer allen alles recht machen und nicht jedem muss alles gefallen. Nur durch Kritik ist es möglich herauszufinden, wie man in der Meinung der anderen steht.

Eine Kritik ist nichts anderes als eine Beurteilung. Egal ob Sie eine Arbeit, ein Buch oder eine Farbe beurteilen, Sie haben sich dazu eine Meinung gebildet und wollen diese nun verkünden. Wohlwollen, Anerkennung oder schlichtweg Lob werden als positive Kritik bezeichnet. Neben konstruktiver Kritik existieren auch negative Kritik, Selbstkritik oder destruktive Kritik. Konstruktive Kritik unterscheidet sich von allen anderen Unterarten dadurch, dass eine Sache nicht nur bewertet wird, sondern analytisch betrachtet wird. Im besten Fall erhalten Sie im Zuge der konstruktiven Kritik auch einen Lösungsvorschlag. Es handelt sich hierbei somit um eine nützliche und hilfreiche Form der Kritik, die Sie auch gerne annehmen sollten.

Auch Sie selbst sollten sich angewöhnen, Kritik immer in dieser Form vorzubringen. Sprechen Sie jede Kritik präzise aus, und fangen Sie nicht an auszuschweifen. Knapp formuliert und mit einem höflichen und respektvollen Ton - so kann bei der Kritik beinahe nichts schief gehen. Zudem sollten Sie keine Kritik vortragen, ohne nicht selbst einen akzeptablen Vorschlag zur Lösung vorbringen zu können.

Dies ist natürlich nicht einfach, denn wie schnell kommt uns von den Lippen: "Das haben Sie schlecht formuliert". Besser wäre hier: " Mir ist aufgefallen, dass Sie den Text auch .....formulieren könnten." Lassen Sie nun zur Übung einen Tag Revue passieren und notieren Sie sich, wie oft Sie heute jemanden kritisiert haben. Schreiben Sie die Kritik in Ihr Tagebuch. Nun überlegen Sie: Handelt es sich hierbei um konstruktive Kritik? Wenn nein, wie könnten Sie diese in Zukunft besser umformulieren?

Im Gegenzug können Sie auch von Ihren Kritikern konstruktive Formulierungen einfordern. Seien Sie nicht schüchtern. Sprechen Sie es aus, wenn eine Kritik Sie gekränkt hat. Sprechen Sie mit Ihrem Teampartner, Kollegen oder Freund darüber, wie Sie sich in Zukunft Kritik wünschen würden. Alleine dadurch trainieren Sie zusätzlich Ihr selbstbewusstes Auftreten.

Egoismus - Ja oder nein?

Generell sind uns egoistische Menschen unangenehm, und dennoch strahlen sie eine gewisse Faszination aus. Denn, egoistische Menschen strotzen nur so vor Selbstbewusstsein. Meist wird Egoismus jedoch nur falsch interpretiert. Menschen, die egoistisch wirken haben es einfach gelernt, für sich selbst zu sorgen und die eigenen Ansprüche an oberste Stelle zu platzieren. Natürlich ist es wichtig, dass Sie hier nicht über Leichen gehen. Andere sollten nicht verletzt werden, doch genau so wenig dürfen Sie sich selbst verletzen.

Positiver und gesunder Egoismus ist per se absolut gut. Vielleicht sollten Sie Egoismus durch das Wort Selbstliebe ersetzen und schon verliert dieser Charakterzug seinen Schrecken. Wenn Ihnen Freunde oder Bekannte vorwerfen, zu egoistisch zu sein, können Sie somit vehement widersprechen. "Ich liebe mich selbst und ich bin mir selbst nahe." So nehmen Sie den strengen und meist auch neidischen Kritikern den Wind aus den Segeln.

Egoismus ist kein Aufruf anderen nicht mehr zu helfen. Sie sollten jedoch immer überlegen, ob Sie sich selbst bei der Hilfeleistung wohl fühlen. Es kann nicht sein, dass Sie selbst leiden, sich abstrampeln oder kaputt machen, nur damit andere sich besser fühlen. Durch diese neue Einstellung zu gesundem Egoismus stärken Sie Ihr Selbstbewusstsein, da Sie sich einfach Ihre Rechte nehmen, die Sie sich auch verdient haben. Es ist Ihr gutes Recht glücklich zu sein.

Kleine Anleitung um Grenzen zu setzen

Es ist eines sich vorzunehmen Grenzen zu setzen und nein zu sagen, und ein anderes, dies auch durchzusetzen. Wenn Sie es wieder einmal nicht geschafft haben abzusagen, fühlen Sie sich sicher ausgenutzt und wenig respektiert. Sie fragen sich, warum will man Ihre Grenzen nicht sehen. Dies ist dem Selbstbewusstsein natürlich nicht zuträglich. Daher fangen Sie jetzt sofort an, diese Grenzen zu erkennen, zu stecken und einzufordern. Rufen Sie ganz laut Nein.

Verabschieden Sie sich von den Gedanken andere zu verletzen oder vor den Kopf zu stoßen. Nehmen Sie dieses kleine bisschen Egoismus als ein Teil von sich selbst an und lernen Sie, sich damit wohl zu fühlen. Wenn Sie daran denken Ihre Meinung durchzusetzen dürfen Sie sich absolut nicht schlecht fühlen.

Andere überschreiten Ihre Grenzen, weil Sie es einfach praktisch finden, alles mit Ihnen machen zu können. Sie zeigen die Grenzen einfach zu wenig deutlich auf und haben Angst, Türen zu schließen. Es liegt also nicht nur an den anderen, sondern auch an Ihnen selbst. Niemand kann Sie ausnutzen, wenn Sie es nicht mehr zulassen.

Haben Sie keine Angst vor Ablehnung und scheuen Sie auch keine Konfrontation. Sie müssen Ihre Meinung nicht verteidigen, es schadet jedoch nicht, den eigenen Standpunkt vehement zu vertreten. Achten Sie hierbei jedoch auf eine freundliche und respektvolle Unterhaltung. Generell sollte ein "Ich möchte das nicht." jedoch reichen.

Stecken Sie die Grenzen ab und sprechen Sie darüber. zeigen Sie die Grenzen auf, denn solange diese unsichtbar sind, werden Sie immer überschritten werden. Sagen Sie nie wieder ja, wenn Sie eigentlich nein meinen. Blicken Sie Ihrem Gegenüber dabei fest in die Augen. Er darf keinerlei Unsicherheit verspüren, denn dies wäre ein Zeichen, dass ein Schlupfloch zu finden ist.

Überschreiten Sie auch nie wieder die eigenen Grenzen. Sie haben Ihre Ziele und sich ein Pensum gesetzt. Dieses sollten Sie im normalen Tempo abarbeiten. Es nutzt nichts, wenn Sie sich zu viel aufhalsen und später unter der Last zusammenbrechen. Hören Sie auf Ihr Bauchgefühl. Es verrät Ihnen genau, wann es genug ist.

Übungen um nein zu sagen finden Sie ständig im Alltag und können so an belanglosen Dingen und in harmlosen Situationen üben. Fragt Sie auf der Straße jemand nach der Uhrzeit, sagen Sie nein, oder bleiben Sie einfach nicht stehen, wenn jemand Sie zu einer Umfrage einladen will. Antworten Sie auf die Frage im Supermarkt nach Kleingeld einfach mit nein. Nicht, weil Sie keines haben, sondern, weil

Ihnen gerade danach ist. Sobald Sie bemerken, wie einfach es ist nein zu sagen, fällt es Ihnen auch leichter, eine unangenehme Einladung abzusagen, eine Erledigung für Freunde nicht anzunehmen oder nicht den Hund des Nachbarn Gassi zu führen. Seien Sie mutig, standhaft und haben Sie keine Angst.

Wie Sie lernen authentisch zu sein

Authentisch zu sein bedeutet echt zu sein. Sie müssen sich nicht mehr länger hinter einer Fassade oder Maske verstecken und auch keine Angst davor haben, Gefühle zu zeigen. Authentisch zu sein heißt, Sie zeigen Ihr wahres Ich mit Stolz und Selbstbewusstsein. Daher müssen Sie es nicht erst lernen, Sie sollten es lediglich zulassen.

Warum wir oft nicht authentisch sind hat viele Gründe. Auch hier steht die Angst wieder an oberster Stelle. Es ist die Angst, andere zu verletzen, anderen nicht zu gefallen oder sich lächerlich zu machen. Sie wollen unbedingt eine Erwartungshaltung erfüllen und verstecken sich dafür hinter eine Maske.

Vergessen Sie jedoch nie, dass Sie weder selbstbewusst, noch erfolgreich oder glücklich sein können, wenn Sie nicht Sie selbst sind. Und dies sind doch die wichtigsten Prioritäten im Leben. Darum -

legen Sie die Maske ab und zeigen Sie Ihr wahres Gesicht. Nicht alle werden dieses mögen, doch auch nicht jeder muss Sie lieben.

Wenn Sie nicht authentisch sind belügen Sie sich nicht nur selbst, sondern auch andere. Sie enttäuschen sich selbst und früher oder später auch die Mitmenschen, denn keine Fassade lässt sich auf Dauer aufrecht erhalten. Bringen Sie Ihre eigene Persönlichkeit zum Blühen und verzaubern Sie damit sich und andere.

Nun kommt wieder unser Tagebuch für mehr Selbstvertrauen ins Spiel. Beurteilen Sie sich selbst und schreiben Sie auf, wann und in welchen Situationen Sie ganz selbst sind, und wann Sie eine Rolle spielen. Es ist wichtig zu wissen, wer Sie sind. Notieren Sie die wichtigsten Personen in Ihrem Umfeld. Können Sie in deren gegenwart Sie selbst sein? Warum ist das so und wie fühlen Sie sich dabei?

Nun analysieren Sie die Liste der Personen, in deren Gegenwart Sie nicht Sie selbst sein können. Warum müssen Sie sich verstellen? Welche Rolle spielen Sie dabei und warum? Entscheiden Sie sich nun ganz bewusst, auch vor diesen Menschen so aufzutreten wie Sie sind. Das wird anfangs schwer sein, denn meist spielen wir die Rolle bereits über Jahrzehnte und die Maske ist zur zweiten Haut geworden. Vielleicht fühlen Sie sich auch nackt dabei. Fangen Sie klein an und beginnen Sie Step by Step. Der beste Start um authentisch zu sein ist an Orten, an welchen Sie niemand kennt. Hier hat man keine Erwartungshaltung und Sie können sich frei entfalten. Besuchen Sie neue Lokale, verreisen Sie oder üben Sie auf den sozialen Netzwerken. Auch ist es wichtig, dass Sie, sobald Sie neue Leute kennen lernen, so auftreten wie Sie sind.

Langsam können Sie das Gefühl in die tägliche Routine einfließen lassen. Beginnen Sie mit einer "Ist mir egal Haltung" gegenüber Situationen in welchen Sie sich bislang immer verkleidet und angepasst haben. Sie müssen nicht sein wie andere. Zelebrieren Sie Ihren eigenen Modestil und tun Sie was Ihnen Spaß macht. Gönnen Sie sich anstatt des Lunch ein schönes Stück Kuchen, auch wenn die Kollegen an Ihrem Salat knabbern.

Vergleichen Sie sich niemals mehr mit anderen. Sie sind eine Persönlichkeit, die es gilt im vollen Glanz erstrahlen zu lassen. Kinder benehmen sich stets natürlich und sind pur und echt. Authentisch zu sein soll jetzt kein Aufruf dazu sein, verantwortungslos, sorglos und ohne Gedanken an morgen durch die Welt zu gehen. Verbinden Sie jedoch die Art der Kinder mit erwachsenen Charakterzügen, und schon sind Sie auf der richtigen Spur.

Auch die Sache mit den Gefühlen ist sehr wichtig, um authentisch zu bleiben. Sie müssen Gefühle zulassen und diese auch zeigen. Verwechseln Sie nie Gefühle zu kontrollieren mit Gefühle zu unterdrücken. Wenn Sie Ihre Gefühle unter

Kontrolle haben, dann brechen Sie nicht in der Öffentlichkeit in hysterisches Geheule aus, oder wälzen sich vor Frust am Boden, wenn Sie eine Situation überfordert. Stattdessen erklären Sie, was Sie traurig oder wütend macht. Es ist wichtig über Gefühle zu sprechen, und Gefühle auch bildlich zu beschreiben.

Hören Sie auf andere unbedingt beeindrucken zu wollen, wenn Sie dafür eine Maske tragen müssen. Werden Sie in bestimmten Kreisen nur akzeptiert, wenn Sie die neuesten Designer-Klamotten tragen? Dann verzichten Sie auf dieses Umfeld oder lehren Sie den elitären Kreisen, dass Sie auch ohne Gucci und Co ein interessanter und vollwertiger Mensch sind.

Lernen Sie über sich und über Ihre Fehler zu lachen. Dadurch zeigen Sie nicht nur selbstbewusst, dass Fehler Sie nicht aus der Bahn werfen, sondern schenken auch anderen Mut. Es wirkt sympatisch, wenn Sie sich Missgeschicke eingestehen können und keinen Hehl daraus machen, dass auch Sie nicht fehlerfrei sind. Nehmen Sie es auch gelassen hin, wenn jemand lacht, weil Sie stolpern oder durch ein Missgeschick eine gewisse Komik in eine Situation bringen. Nehmen Sie einfach das Leben und auch sich selbst nicht zu ernst.

Hören Sie auf mit der Masse zu laufen. Sie müssen nicht jedem Trend folgen und auch nicht jede Meinung vertreten, nur weil diese gerade angesagt ist. Sie können auch auf einer Party zum Glas

Wasser oder zur Limo greifen, wenn Sie einfach keinen Alkohol mögen. Es muss Sie niemand belächeln, wenn Sie kein Verfechter des Low-Carb-Kults sind und genauso wenig müssen Sie sich rechtfertigen, dass Sie noch nicht dem veganen Lebensstil verfallen sind oder immer noch keine Allergien gegen Gluten und Co entwickelt haben. Nur wenn Sie nicht mehr wie ein Lemming der Masse folgen können Sie authentisch sein. Die einzige Gefahr die sich hier birgt: Versuchen Sie nicht auf biegen und brechen stets das gegenteil zu tun. Hören Sie auf Ihr Herz und Ihr Bauchgefühl und machen Sie das, was Spaß macht. Wenn es nun gerade im Trend liegt, warum nicht.

Befreien Sie sich von emotionaler Abhängigkeit. Diese entwickelt sich aus der Angst, nicht geliebt und akzeptiert zu werden. Auch wenn Sie ohne Maske auftreten werden die Menschen Sie noch genauso sehen und vielleicht noch mehr akzeptieren und respektieren. Falls nicht sollten Sie darüber froh sein, denn Sie möchten garantiert nicht für etwas geliebt werden, das Sie gar nicht sind. Warten Sie nicht auf Bestätigung. Wenn Sie ein neues Kleid haben und sich darin wohl und schön fühlen, dann sollte dieses Gefühl nicht gemindert werden, nur weil Sie nicht sofort zahlreiche Komplimente dafür erhalten. Sie alleine können sich die nötige Anerkennung schenken, die Sie benötigen. Dadurch zeigen Sie nicht nur Selbstbewusstsein und Stärke sondern sind auch auf dem besten Weg absolut unabhängig zu werden. Dieses nicht von anderen abhängig sein schenkt Ihnen in kürzester Zeit eine enorme Freiheit, die Sie in vollen Zügen genießen sollten. Machen Sie Ihr Handeln nie wieder von anderen Menschen abhängig. Um dies zu üben lernen Sie, auch alleine sein zu können. Machen Sie einen erfolgreichen und ausgefüllten Tag nicht davon abhängig, ob Sie sich in Gesellschaft befinden, oder nicht.

Was erfolgreiche und selbstbewusste Menschen auszeichnet - Fazit

Menschen die erfolgreich und selbstbewusst sind haben eines gemeinsam, sie sind aktiv und zählen zu den Angreifern. Sie zögern nicht und warten auch nicht ab. Sie leben authentisch und schieben nichts auf irgendwann auf. Sie sind offen für Neues und lassen sich nicht durch Ängste bremsen. Nichts ist schlimmer als am Ende des Tages zu denken: "Das kann doch nicht alles gewesen sein!" Nicht um sonst besagt das Sprichwort, dass wir am Ende des Lebens nur jene Dinge bereuen, die wir nicht gemacht haben.

Bei erfolgreichen Menschen findet das Leben heute statt. Das bedeutet nicht, dass Sie sich nun keine Zeit zum Faulenzen gönnen dürfen. Ganz im Gegenteil - erfolgreiche Menschen haben die perfekte Work-Life Balance gefunden. So werden Dinge zeitnah erledigt, Körper, Geist und Seele jedoch haben ausreichend Zeit sich zu erholen.

Erfolgreiche Menschen hören auf Ihren Körper und auf Ihre innere Stimme, ohne dabei auf die Mitmenschen zu vergessen.

Wenn Sie erfolgreich sein möchten, dürfen Sie keine Ausreden mehr suchen, sondern Wege finden. Sie können heute mit dem Training aussetzen, sollten jedoch morgen wieder fleißig sein. Sie wollen stärker und selbstbewusster werden, also tun Sie etwas dafür. Sie benötigen täglich nur wenige Minuten und Hand aufs Herz, die Ausrede, dass Sie diese nicht erübrigen können, zählt nicht. Ebenso dürfen Sie nie aufhören zu träumen. Lassen Sie sich nicht von Ihren Träumen einschüchtern. Kein Traum ist zu groß um nicht verwirklicht zu werden. Blicken Sie in den Spiegel - jetzt. Lachen Sie aus tiefen Herzen und sprechen Sie aus tiefster Brust der Überzeugung: "Ich kann alles schaffen."

Sämtliche Themen haben wir nun in unserem Buch behandelt. Sie haben zahlreiche Übungen gefunden, wie Sie Ihr Selbstwertgefühl steigern und festigen können, und dennoch sympatisch und mitfühlend zu bleiben. Nun liegt es an Ihnen. Sie müssen die Initiative ergreifen und unsere Übungen verinnerlichen. Wir hoffen, dass wir Sie auf dem Weg in ein neues, erfolgreiches Leben gut begleiten konnten und freuen und, wenn Sie immer wieder zu diesem kleinen Ratgeber greifen. Vergessen Sie nicht, Ihr Tagebuch für mehr Selbstbewusstsein zu führen. Damit halten Sie Ihr ganz persönliches und individuelles Werkzeug in den Händen. Und nicht vergessen - das Leben ist Fortschritt und Veränderung. Haben Sie Mut und nehmen Sie jeden Tag etwas Neues in Angriff. Nur so können Sie Ihr Leben grundlegend verändern und entspannt, glücklich und zufrieden in die Zukunft blicken.

Vorwort des Zusatzes

Liebe Leserin, lieber Leser. Es freut mich wirklich sehr, dass Sie dieses Buch in Ihren Händen halten und sich dazu entschieden haben, noch mehr über das Selbstbewusstsein und wie dieses gestärkt werden kann, zu erfahren. Mein Verlagspartner Justus van Homm — dessen Werk ich als inspirierende Vorlage genutzt und um einige darin nicht erwähnte, wichtige Dinge ergänzt habe - hat bereits hervorragende Arbeit geleistet und gezeigt, wie nachhaltig Selbstbewusstsein aufgebaut wird.

Im Rahmen dieser ergänzenden Erweiterung wird nun behandelt, worauf es bei der Selbstfindung ankommt. Diese Erweiterung stellt ein Werkzeug dar, dass effektiv dabei hilft, die eigenen Stärken und Schwächen herauszufinden, um darauf aufbauend mehr Selbstbewusstsein und außerdem ein stärkeres, ausgeprägteres Selbstwertgefühl zu entwickeln. Außerdem finden sich 10 Schritte, die dabei helfen, dass eigene Selbstbewusstsein sofort und auf Knopfdruck zu stärken. Mithilfe des Wissens und der Techniken, die ich hier vorstellen werde, wird unter anderem die Körperhaltung verbessert, was wiederum zu einem gestärkten Selbstbewusstsein beiträgt. Zusätzlich wird darauf eingegangen, wie Ängste überwunden und eliminiert werden, um ein glücklicheres und schlussendlich auch erfolgreicheres, selbstbestimmtes Leben führen zu können.

Nach der Lektüre dieser Erweiterung verfügen Sie über das Wissen, wie Sie selbstbewusster auftreten und Ihr Selbstbewusstsein auf Knopfdruck weiter stärken können. Verschiedene Techniken, die ich hier Schritt für Schritt vorstellen werde, tragen effizient sowie effektiv dazu bei, dass das Selbstwertgefühl und Selbstbewusstsein auf nachhaltige Weise gefördert werden.

Einleitung

Dieses Buch stellt eine Erweiterung des Werkes von Justus van Homm dar und ist in insgesamt drei Kapitel unterteilt. Im ersten Kapitel geht es um das Thema Selbstfindung und wie es jeder schaffen kann, die eigenen Stärken und Talente herauszufinden und auf Basis dieser mehr Selbstbewusstsein aufzubauen. Im zweiten Kapitel werden zehn wertvolle Schritte vorgestellt, die effektiv dazu beitragen, das Selbstbewusstsein förmlich auf Knopfdruck zu stärken. Es werden verschiedene Techniken vorgestellt, die einfach anzuwenden, jedoch äußerst effektiv und zielführend sind. Im dritten und letzten Kapitel dieser

Erweiterung wird schließlich ein Blick auf das Thema Angst bzw. Ängste geworfen. Es wird detailliert aufgezeigt, wie Ängste überwunden werden und schlussendlich eliminiert werden können.

Selbstfindung – Mit dem Gewissen über die eigenen Stärken und Talente zu mehr Selbstbewusstsein

Der Titel dieses Kapitels verrät bereits eine ganze Menge: hier soll es um das Thema Selbstfindung gehen und aufgezeigt werden, wie das Bewusstsein über die eigenen Stärken und Talente dabei hilft, das Selbstbewusstsein nachhaltig zu stärken.

Doch bevor es daran geht, die Stärken und Talente herauszufinden, soll darauf eingegangen werden, was Selbstfindung überhaupt ist.

Was ist Selbstfindung überhaupt?

Unter Selbstfindung wird oft der Prozess verstanden, den Jugendlichen auf dem Weg in das Erwachsensein durchlaufen und in dem diese versuchen, sich selbst mit all ihren Eigenheiten und selbst gesteckten Zielen zu definieren. Das Ganze geschieht in Abgrenzung von den gesellschaftlichen Einflüssen.

Doch hier geht es nicht um pubertierende Jugendliche, die sich von der Gesellschaft abgrenzen möchten. Nein, es dreht sich viel mehr um die Selbstfindung, die einen dauerhaften Prozess darstellt und nicht nur in den Jugendjahren eine wichtige Rolle spielt. Fragen wie „wer möchte ich sein?", „wer bin ich überhaupt?", „was möchte ich eigentlich erreichen?", „wie finde ich zu meiner Leidenschaft?" und „wie finde ich tatsächlich zu mir selbst?" sind typische Fragen, die im Rahmen der Selbstfindung einen wichtigen Stellenwert einnehmen. Es geht also darum, sich selbst zu definieren bzw. zu finden und sich besser kennen und auch schätzen zu lernen. Es ließe sich auch so ausdrücken, dass es prinzipiell darum geht, einen Zugang zu sich selbst zu finden und es deshalb möglich ist, ein Leben zu führen, indem die eigenen Bedürfnisse und Wünsche berücksichtigt und schlussendlich auch erfüllt werden. Die Achtsamkeit im Hinblick auf sich selbst, spielt bei der Selbstfindung also eine nicht zu unterschätzende Rolle.

Nun, da definiert wurde, was Selbstfindung überhaupt ist, wird nun darauf eingegangen, wieso diese so wichtig ist.

Die Wichtigkeit der Selbstfindung

Sich selbst gut zu kennen ist nicht nur für das eigene Wohlbefinden, Glück und den Erfolg wichtig, sondern trägt auch dazu bei, in Beziehungen sowie im beruflichen Alltag erfolgreicher zu sein. Hier soll nun kurz beschrieben und aufgeführt werden, wieso Selbstfindung so wichtig ist.

Die eignen Stärken weiter ausbauen

Die Selbstfindung birgt den großen und entscheidenden Vorteil, dass Bewusstsein über die eigenen Stärken herrscht und diese so weiter eingebracht und zusätzlich ausgebaut werden können.

Ein selbstbewussteres Auftreten

Wenn Bewusstsein über die eigenen Talente und Stärken herrscht, gelingt ein selbstsicheres, selbstbewusstes Auftreten ganz automatisch und wirkt nicht etwa gekünstelt.

Ein idealer Schutz

Wer sich selbst gefunden hat, der kennt seine Bedürfnisse und sogleich auch seine Grenzen. So ist es möglich, sich besser vor Fremdbestimmung zu schützen und zunächst die eigenen Bedürfnisse innerhalb der selbst gesteckten Grenzen zu befriedigen. Das trägt zu Glücklichkeit bei und macht das Leben lebenswerter.

Hervorstechen und Individualität fördern

Selbstfindung ist wichtig, um eine klare Meinung und Position zu vertreten. Dadurch wird wiederum die Individualität gefördert und zu einem selbstbestimmten Leben beigetragen.

Die Ziele klar definiert

Durch das Bewusstsein über die eigenen Stärken, Talente und Bedürfnisse ist die Definition von Zielen wesentlich leichter, wodurch diese letztendlich auch einfacher erreicht werden. Durch eine klare Zieldefinition ist es in der Regel einfacher, sich um die Erfüllung der eigenen Träume und Vorhaben zu kümmern.

Eine Grundlage für Glücklichkeit

Selbstfindung stellt die Grundlage für Glücklichkeit dar und hilft außerdem dabei, diese weiter auszubauen, indem weiterhin auf die selbst gesteckten Ziele hingearbeitet wird.

Den Leserinnen und Lesern sollte jetzt klar sein, dass Selbstfindung in unserem Leben eine wichtige Rolle einnimmt und dazu beiträgt, „zu wachsen" bzw. die eigenen Stärken endlich zu nutzen, um glücklicher zu leben und Ziele zu erreichen. Nun soll ein Blick darauf geworfen werden, wie jeder seine eigenen Stärken und Talente finden und entdecken kann.

Verantwortlich für das fehlende Bewusstsein bzw. die mangelnde Wahrnehmung der eigenen Stärken können mehrere, verschiedene Gründe sein. Zum einen kann dies an einer schlichtweg falschen Einstellung liegen. Es gibt viele Personen, die befürchten, dass sie von den Mitmenschen und / oder Kollegen auf der Arbeit als arrogant und eingebildet wahrgenommen werden, wenn offen von den eigenen Talenten und Stärken gesprochen wird. Auch negative Kindheitserfahrungen, beispielsweise, dass einem andauernd gesagt wurde, dass er oder sie nicht gut genug ist, sorgen dafür, dass die eigenen Stärken nicht richtig und nur unzureichend wahrgenommen werden. Ein anderer Grund für das fehlende Bewusstsein über die eigenen Stärken kann in der unzureichenden Suche begründet sein. Das bedeutet, dass – ohne großartig Überlegungen anzustellen – schnell entschieden wird, dass keine Stärken bzw. Talente vorhanden sind. Doch es muss tiefer „gegraben" werden, denn jeder hat individuelle Stärken.

Die eigenen Stärken und Talente entdecken

Jeder hat Stärken und ganz gewiss auch Talente. Doch nicht alle haben die Gewissheit darüber. Vielen fällt es sehr schwer, die eigenen Stärken zu erkennen bzw. sich diese einzugestehen. Natürlich ist es auch wichtig, an seinen Schwächen zu arbeiten, doch keinesfalls darf der Fehler begangen werden, nur die Schwächen zu sehen, sondern vor allem die Stärken zu betonen. Dieses Unterkapitel soll nun dabei helfen, die eigenen Stärken und (versteckten) Talente zu finden. Sind diese erst einmal gefunden, so ist ein wichtiger Schritt auf dem Weg zur Selbstfindung getan und außerdem wird so ganz automatisch zu einem stärkeren Selbstbewusstsein hingearbeitet.

Vertraute Menschen fragen

Der erste Schritt auf dem Weg, seine eigenen Stärken kennen zu lernen, besteht darin, sich bei vertrauen Menschen zu erkundigen. Oft können Familienmitglieder, Freunde und auch Kollegen bereits eine große Hilfe darstellen. Durch die Beantwortung der Frage „was schätzt du an mir?" kann bereits Aufschluss über eigene Stärken gewonnen werden. Es gilt, mehrere Personen aus dem persönlichen Umfeld danach zu fragen, um sich ein Gesamtbild bilden zu können.

Herausforderungen unter die Lupe nehmen

Jeder sieht sich ab und an mit Herausforderungen konfrontiert, sei es beruflich oder privat. Um seine Stärken zu finden, ist es wichtig, dass überprüft bzw. analysiert wird, wie Herausforderungen der Vergangenheit gemeistert wurden. Die Schlüsse daraus helfen effektiv dabei, Herausforderungen in Zukunft leichter zu bewältigen, indem Bewusstsein über eine gewisse Stärke bei der Problemlösung geschaffen wird.

Sich selbst und andere beobachten

Hilfreich ist es außerdem, sich selbst zu beobachten. Es gilt, herauszufinden, welche Aktivitäten und Dinge leicht und ohne Probleme erledigt werden. Des Weiteren lohnt es sich, auf bestimmte Situationen zu achten. Wenn also beispielsweise ein Kollege „Ewigkeiten" für die Erledigung einer (für einen selbst) einfach zu bewältigende Aufgabe braucht, dann ist es wahrscheinlich, dass es sich dabei um eine der eigenen Stärken handelt. Immer, wenn Ungeduld aufkommt, sobald andere etwas nicht so gut meistern, handelt es sich meist um die eigenen, größten Stärken.

Führen eines Tagebuches zur Reflexion

Vielen Personen, die große Zweifel über ihre eigenen Stärken hatten oder diese schlichtweg noch nicht kannten, erzielen Erfolge mithilfe eines Reflexions-Tagebuches. Dabei geht es nicht darum, die besonderen Ereignisse bzw. Erlebnisse des jeweiligen Tages niederzuschreiben, sondern um Selbstreflexion, die logischerweise auch Schlüsse über die eignen Stärken geben kann. Fragen wie „was hat heute wirklich gut funktioniert?", „welche meiner Fähigkeiten und Kenntnisse habe ich bei dieser Aktivität angewandt?", „wie ging es mir dabei?" und „was hat nicht nach meinen Vorstellungen funktioniert und womit bin ich heute unzufrieden?" helfen dabei die eigenen Stärken zu erkennen. Wichtig ist es, dass die Antworten niedergeschrieben und regelmäßig ausgewertet und analysiert werden. So ist es möglich, den eigenen Stärken näher zu kommen, schon bald Gewissheit über die eigenen Talente zu haben und diese auch anwenden zu können.

Sich selbst weiterbilden und Stärken herausarbeiten

Wenn tatsächlich keine Gewissheit herrscht, auf welchem Gebiet Stärken und Talente vorhanden sind, so ist es hilfreich, sich selbst weiterzubilden. Das kann in allen möglichen Themengebieten und Bereichen sein, Hauptsache, das erforderliche Interesse ist vorhanden und das Thema neu (für einen selbst). Schnell wird dann ersichtlich und klar, dass gewisse Themen weniger interessant und andere Themen wiederum sehr interessant sind. Mit den interessanten Themen sollte sich dann weiterhin intensiv beschäftigt werden und mit Sicherheit wird schnell klar „ok, das kann ich tatsächlich wirklich gut!".

Ein professionelles Coaching wahrnehmen

Wenn die Gespräche mit den vertrauten Personen aus der Familie und dem Freundeskreis zu keinem Ergebnis geführt haben, dann gibt es eine weitere Möglichkeit. Professionelle Coaches bieten Seminare an und können bei der Suche nach den versteckten Stärken und Talenten eine große Hilfe darstellen. Wichtig ist allerdings, dass es bei dem Coaching nicht vorrangig um den Beruf bzw. um die Karriere geht, sondern personenbezogen nach Stärken (auch im privaten Bereich) gesucht wird.

Ehrenamtlich betätigen und Stärken finden

Für alle, die nach ihren Stärken und Talenten suchen, kann eine ehrenamtliche Tätigkeit, bei der anderen Menschen geholfen wird, dabei helfen, diese zu finden. Neben dem Vorteil für die Gemeinde, indem anderen Menschen geholfen wird ergibt sich auch ein ganz persönlicher Vorteil. Durch die ehrenamtliche Arbeit können sogar völlig neue Talente gefunden werden. Zum Beispiel finden viele Menschen Erfüllung daran, anderen zu helfen, wodurch sich Stärken ergeben. Um das Beispiel etwas zu vertiefen: wenn jemand einer Gruppe von Senioren im Altersheim regelmäßig aus einem guten Buch vorliest, sich aber andauern wiederholen muss, weil ein Senior mal wieder nicht richtig hingehört hat, diese Person dennoch gerne das Vorgelesene wiederholt, so lässt sich bereits eine Stärke erkennen. In diesem Fall: Geduld und Empathie (natürlich ist auch die Ausübung des sozialen, ehrenamtlichen Engagements als eine Art Stärke zu bezeichnen).

Auszeit als letzte Option

„Auszeit als letzte Option" hört sich etwas martialisch an, ist es aber nicht! Wer es sich erlauben kann und zusätzlich die Zustimmung des Arbeitgebers hat, kann bewusst einen extra langen Urlaub machen. Wichtig ist – das soll hier erneut betont werden – das Wort „bewusst". Denn es hilft rein gar nichts, wenn der Laptop im Urlaub andauern angeschaltet ist, um die E-Mails zu prüfen oder um dem Chef mit einer Kleinigkeit auszuhelfen. Auszeiten bzw. Urlaube helfen dabei, tief durchzuatmen, Stress abzubauen und sich mehr mit sich selbst zu beschäftigen und sollten eben nicht zum Arbeiten genutzt werden. So ist es möglich „alte" Stärken wieder zu entdecken und sogar neue Stärken zu finden. Wer kein ganzes Sabbatjahr einlegen kann oder darf, der sollte sich für eine ausgedehnten Urlaub entscheiden. Dieser muss nicht etwa in der Karibik sein, wichtig ist, dass sich Zeit genommen wird, um sich mit sich selbst zu beschäftigen und um sich selbst besser kennen zu lernen.

Im Rahmen dieser Informationsbox soll darauf hingewiesen werden, dass die eigenen Stärken und Talente auch mithilfe des Stärken-Test herausgefunden werden können. Der Test dauert weniger als drei Minuten, nimmt nur wenige Klicks in Anspruch und ist unter dem folgenden Link zu finden:

https://www.testedich.de/quiz08/quiz/1081885508/Wo-liegen-deine-Staerken

oder

https://www.16personalities.com/de/kostenloser-personlichkeitstest

Wichtig ist, dass der Test wahrheitsgemäß beantwortet und nicht etwa versucht wird, durch gekünstelte Antworten ein vermeintlich gutes Ergebnis zu erzielen. Das ist nicht das Ziel, sondern die Gewissheit über die eigenen Stärken und Talente zu erlangen.

Die eigenen Stärken anwenden

Sobald mehr Klarheit über die eigenen Stärken und Talente besteht, sollten diese gezielt eingesetzt und angewandt werden, schließlich handelt es sich dabei um Vorteile, die es zu nutzen gilt.

Im Rahmen der **Berufswahl** sollte natürlich darauf geachtet werden, dass die Tätigkeit Spaß macht. Nichtsdestotrotz ist es auch wichtig, darauf zu achten, dass die eigenen Stärken bei der Wahl des Jobs berücksichtigt werden. Wenn ein Beruf Spaß macht und zusätzlich die eigenen Stärken eingebracht werden können, dann steht dem beruflichen Erfolg nichts mehr im Weg.

Bereits bei der **Bewerbung** bzw. dem **Bewerbungsgespräch** helfen die Stärken dabei, den Job überhaupt erst zu bekommen. Die Vorteile einer Anstellung – von der zu überzeugen gilt - können den Personalern am besten über die eigenen Stärken transportiert werden. Wichtig ist, dass gezeigt wird, wie und auf welche Weise das Unternehmen von den Stärken und besonderen Qualifikationen profitiert.

Doch nicht nur im beruflichen, sondern auch im privaten Bereich helfen die Stärken dabei, sich selbst besser und treffender einschätzen zu können. Das Bewusstsein über die eigenen Stärken trägt dazu bei, dass die Selbsteinschätzung insgesamt positiv ist und auch das Selbstwertgefühl sowie das

Selbstbewusstsein aufgewertet werden. Natürlich ergeben sich viele weitere Vorteile daraus, wie zum Beispiel, dass es – aufgrund des gesteigerten Selbstbewusstseins – einfacher ist, auf andere Menschen zuzugehen, neue Freunde zu finden und insgesamt als interessantere Person wahrgenommen zu werden.

Selbstbewusstsein auf Knopfdruck – Zehn Schritte für mehr Selbstbewusstsein

In diesem zweiten Kapitel geht es nun darum, den Leserinnen und Lesern zu zeigen, wie es möglich ist, Selbstbewusstsein auf Knopfdruck aufzubauen. Dafür werden insgesamt zehn Schritte aufgeführt, die dazu beitragen, das Selbstbewusstsein direkt positiv zu beeinflussen. Wichtig – und das soll hier direkt angesprochen werden – ist, dass es oft der Vergleich mit anderen Personen ist, der Menschen unglücklich macht. Problematisch an den Vergleichen mit anderen ist, dass jeweils die schwächste Eigenschaft von einem selbst, mit der stärksten, besten Eigenschaft des anderen verglichen werden. Das Bewusstsein über Vergleiche, die zu nichts, außer einem geringen Selbstwertgefühl beitragen, ist wichtig, um Vergleiche gezielt zu vermeiden.

1. Schritt – Bewusste Wahrnehmung

Wichtig ist, dass stets darauf geachtet wird, Vergleiche mit anderen bewusst wahrzunehmen.

2. Schritt – Akzeptanz

Der zweite Schritt ist es, zu akzeptieren, dass erneut der direkte Vergleich zu anderen Personen gesucht wurde.

3. Schritt – Warum?

Im dritten Schritt spielt das „Warum" eine wichtige Rolle. Es geht darum, sich selbst Fragen zu beantworten, die den Sinn des Vergleichens in Frage stellen. Ist es tatsächlich sinnvoll, sich mit dieser Person auf diesem bestimmten Gebiet zu vergleichen? Jemand der beispielsweise vor einem Monat angefangen hat, Fußball zu spielen, kann nicht mit jemand anderes verglichen werden, der schon seit Jahren diesen Sport betreibt. Hier ist auch die Erkenntnis darüber, dass jede Person verschiedene Erfahrungen und Referenzerlebnisse gemacht und gesammelt hat, weshalb ein direkter Vergleich eigentlich überhaupt nicht möglich, geschweige denn sinnvoll ist.

4. Schritt – Wieso?

Im vierten Schritt geht es an die Beantwortung der Frage nach dem „Wieso". Wieso ist die Person, mit der sich gerade verglichen wurde, besser in Aktivität XY? Ein Beispiel für eine solche Frage wäre: „Wieso sitzen die Haare der Kollegin besser, als meine?" Eine mögliche Antwort wäre: „Weil sie heute früher aufgestanden ist und sich länger Zeit gelassen hat, um die Haare so zu stylen." Neben der Frage nach der investierten Zeit ist es stets auch sinnvoll sich zu fragen, ob das Gegenüber, mit dem sich verglichen wurde, schlichtweg ehrgeiziger ist.

5. Schritt – Die Stärken abrufen

Statt sich zu fragen, welche Aktivitäten einem selbst besser liegen als dem Gegenüber, ist nur wenig hilfreich, denn dabei handelt es sich erneut um einen Vergleich, der dazu dient „das Gleichgewicht" wiederherzustellen. Doch es handelt sich um keinen Wettbewerb oder dergleichen. Deshalb ist es an dieser Stelle zu empfehlen, sich selbst die eigenen Stärken und Talente in Erinnerung zu rufen.

Nach dem sich nach diesen ersten fünf Fragen in Erinnerung gerufen wurde, dass vergleichen nur unglücklich macht und nichts bringt – eine wichtige Erkenntnis auf dem Weg zu mehr Selbstbewusstsein – folgen nun die fünf weiteren Schritte, die zu mehr Selbstbewusstsein beitragen.

6. Schritt – Selbstakzeptanz und bewusst leben

Der erste Schritt auf dem Weg zur Selbstakzeptanz ist bereits getan: nämlich zu akzeptieren, dass direkte Vergleiche nur negative Gefühle auslösen und keinesfalls zu mehr Selbstbewusstsein beitragen. Der nächste, wichtige Schritt ist Selbstakzeptanz. Es darf nicht gegen sich selbst angekämpft werden und Akzeptanz heißt nicht, dass der aktuelle Zustand nicht verbessert werden kann. Innerlich und verkrampft gegen sich selbst zu kämpfen, hilft nicht. Es gilt also, sich selbst zu akzeptieren, trotz mancher Makel, denn perfekt ist niemand. Es gehört also auch dazu, mit den eigenen Schwächen umgehen zu lernen. Neben der Selbstakzeptanz ist es außerdem wichtig, bewusst zu leben. Ein wertvoller Tipp ist es, sich täglich eine Minute lang nur auf seinen Atem zu konzentrieren und in dieser kurzen Zeit nichts anderes zu machen. So wird bewusst leben schon bald zu einer festen Gewohnheit.

7. Schritt – Auf die Körperhaltung achten

Auch über die Körperhaltung kann das Selbstbewusstsein verbessert werden. Besonders wichtig ist, dass der Kopf nicht gesenkt, sondern aufrecht gehalten wird. So wird nicht nur dazu beigetragen, dass andere einen als selbstbewusst wahrnehmen, sondern tatsächlich das eigene Selbstbewusstsein gefördert. Der alte Spruch „Bauch rein, Brust raus" ist hier angebracht. Außerdem gilt es auf Augenkontakt, einen festen, entschlossenen Händedruck und vor allem auf die Sitzhaltung zu achten. Arme und Beine sollten weder verschränkt noch gekreuzt werden, um Offenheit und Interesse zu signalisieren.

8. Schritt – Das Lächeln nicht vergessen!

„Ein Lächeln sagt mehr als tausend Worte" trifft es auf den Punkt. Ein Lächeln kann viel bewirken – auch in einem selbst! Durch das Lächeln werden innerhalb von wenigen Sekunden positive Gefühle ausgeschüttet, die zu mehr Selbstbewusstsein beitragen.

9. Schritt – Meditieren

Meditation ist keinesfalls ein Hokuspokus, sondern stellt eine wichtige Technik dar, die dabei hilft an innerer Stärke zu gewinnen und dadurch selbstbewusster zu werden. Dafür ist es zunächst wichtig, sich etwas Zeit zu nehmen und einen passenden, ruhigen Ort zu finden. Wichtig ist auch die richtige Sitzposition, nicht auf dem Boden, sondern zum Beispiel auf einer Yogamatte. Außerdem sollte sich stets aufrecht im Schneidersitz hingesetzt werden, sodass die Wirbelsäule gerade ist. Die Arme werden in den Schoß und die Hände ineinandergelegt, die Daumen sind sich zugewandt, ohne sich zu berühren. Die Schultern sollten fallen gelassen werden. Nun, da die Position eingenommen ist, geht es daran, erste tiefe Atemzüge zu nehmen und das bewusst zu tun. Jeder Atemzug sollte gespürt und darauf geachtet werden, wie die Luft ein- und wieder ausgeatmet wird. Auf diese Weise wird sich auf den Moment konzentriert, alles andere ausgeblendet und innere Ruhe gefunden.

10. Schritt – Verantwortung übernehmen

Hier geht es nicht etwa darum, Verantwortung für jemand anderes zu übernehmen. Nein, denn viel mehr geht es darum, Verantwortung über sein eigenes Leben zu übernehmen und dadurch nicht nur das Selbstwertgefühl, sondern langfristig auch das Selbstbewusstsein zu stärken. Wer es schafft, Verantwortung für sich und sein Leben zu übernehmen, dem ist glasklar, dass niemand dafür verantwortlich ist, dass es einem gut geht, außer einem selbst. Wünsche, Träume und Ziele erfüllen sich nicht von allein, jeder selbst ist seines Glückes Schmied! Außerdem wird sich – wenn tatsächlich Verantwortung für sich selbst übernommen wird – von Fremdbestimmung abgegrenzt. Verantwortung zu übernehmen bedeutet auch, Probleme zu lösen und nicht nach Ausreden zu suchen.

Wenn diese zehn Schritte befolgt werden, kann in wenigen Momenten mehr Selbstbewusstsein aufgebaut werden. Einige Schritte sind zwar auch langfristig angelegt, wie beispielsweise das Meditieren, helfen jedoch auch kurzfristig, sich besser und selbstbewusster zu fühlen und zu verhalten.

Ängste überwinden und glücklicher leben

Ängste belasten, schränken ein, gehen auf Kosten des Selbstbewusstseins und führen langfristig zu Unzufriedenheit, wodurch die Lebensqualität leidet. Bevor hier nun darauf eingegangen wird, wie es jeder schaffen kann, seine Ängste zu überwinden, soll geschildert werden, welche Ängste es überhaupt gibt.

Typische Ängste in der Übersicht

Verschiedene Situationen im Alltag lösen Angst bzw. Ängste aus. Der Großteil der Personen versucht eben diese Situationen zu vermeiden, obwohl einige Ängste durchaus wichtig für die persönliche Entwicklung sind.

Zu nennen ist vor allem die Angst vor dem Scheitern. Diese bewirkt, dass wichtige Aktivitäten erst gar nicht wahrgenommen werden, wodurch das Scheitern natürlich bereits vorprogrammiert ist. Auch die Angst vor Peinlichkeiten bewirkt, dass Situationen, wie Gespräche, mit vielen Personen vermieden werden. Enge Bindungen zu anderen Personen werden von der Angst vor der körperlichen Nähe stark negativ beeinflusst. Typisch für Alltagsängste ist auch die Angst vor Einsamkeit. Diese kann dazu führen, dass eine Abhängigkeit zu anderen entsteht. Die Angst davor, auf andere Menschen zuzugehen, verhindert das Knüpfen von neuen Bekanntschaften und Kontakten. Die Angst vor Konflikten verhindert, die Äußerung der eigenen Bedürfnisse, die deshalb oft zu kurz kommen. Besonders bekannt ist auch die Prüfungsangst, die dafür sorgt, dass das Wissen und die Fähigkeiten nicht komplett abgerufen werden können.

Es gibt noch viele weitere Ängste, die hier, um den Rahmen nicht zu sprengen, nicht weiter aufgeführt werden sollen. Viel mehr geht es nun darum, den Leserinnen und Leser zu zeigen, wie die Ängste überwunden werden können.

Die eigenen Ängste überwinden

Um zu verhindern, dass Ängste das eigene Leben bestimmen und gewissermaßen einschränken, sollten die nachfolgende aufgeführten Ratschläge, Tipps und Tricks befolgt werden. Diese können gleichwohl auf das private, wie auch auf das berufliche Umfeld angewandt werden.

Die Angst konfrontieren

Der erste Schritt auf dem Weg zur Überwindung der eigenen Ängste ist es, diese zu konfrontieren. Ist es berufsbedingt etwa erforderlich, im Rahmen von Präsentationen vor vielen Menschen zu sprechen, obwohl man selbst große Angst davor hat, so steigert sich diese Angst, je öfter diese Situation vermieden wird. Angst kann sich also auch steigern. Im Hinblick auf das Beispiel würde es also helfen, die Angst zu konfrontieren, indem sich dieser gestellt wird. Auch hier gilt, dass Übung den Meister macht! Die Angst wird schnell verschwinden und vielleicht stellt sich sogar heraus, dass diese nicht nur komplett unbegründet war, sondern das Präsentieren vor vielen Menschen eine wahre Stärke ist.

Die Angst akzeptieren

Es ist nicht möglich, jegliche Ängste komplett zu eliminieren – das ist auch gut so, denn Ängste nehmen eine Schutzfunktion ein. Deshalb ist es zielführend, zu akzeptieren, dass es Ängste gibt. Dadurch werden diese ganz automatisch nachlassen. Wer zum Beispiel auf dem Weihnachtsmarkt oder ganz allgemein an Plätzen mit großen Menschenansammlungen die ganze Zeit über an einen Terroranschlag denkt, dem hilft das nicht weiter. Die Angst muss akzeptiert und hingenommen werden, dann lässt sie nach.

Entspannungs- und Atemübungen gegen die Angst

Den körperlichen Angstsymptome kann mit Entspannungs- und Atemübungen entgegengetreten werden. Das angespannte und aufgeregt Gefühl, das im Körper ausgelöst wird, sobald Angst empfunden wird, kann mit verschiedenen Übungen „bekämpft" werden. Die natürliche Bauchatmung hilft dabei, sich zu beruhigen und stärkt außerdem die Achtsamkeit. Ähnlich, wie das bereits weiter oben erwähnte Meditieren, wird so wieder innere Ruhe hergestellt. Eine renommierte Atemübung zur Beruhigung, ist, sich hinzusetzen, eine Hand auf den Bauch und die andere auf die Brust zu legen. Es folgt tiefes Einatmen, während bis fünf gezählt wird. Anschießend folgt fünfmaliges, stoßartiges Ausatmen durch den Mund. Eine weitere Atemübung, die dabei hilft, akute Angst zu überwinden und sich zu entspannen funktioniert so: Zuerst wird bis zwei gezählt und dabei eingeatmet. Die Luft wird angehalten, während erneut bis zwei gezählt wird. Dann wird wieder eingeatmet und bis zwei gezählt. Wichtig ist, dass das Ganze so lange wiederholt wird, bis es nicht mehr möglich ist, weiter zu atmen. Dann wird die Luft mit einem langen Atemzug kontrolliert ausgeatmet.

Im Rahmen dieser Infobox soll kurz auf die Verlustangst im Job eingegangen werden, auch weil viele darunter leiden. Ist die Stimmung am Arbeitsplatz ständig schlecht, kommt es zu Überarbeitung und zusätzlich noch zu einer unfairen Behandlung, so entsteht schnell die Angst, womöglich bald entlassen zu werden.

Dabei ist auch diese Verlustangst nicht nötig! Ein wichtiger Schritt, um diese Art von Angst zu überwinden, ist das Ablegen des Konkurrenzdenkens. Die Kollegen sollten keinesfalls als mögliche Anwärter auf die eigene Stelle angesehen, sondern als das, was sie sind wahrgenommen werden – nämlich Kollegen und somit Mitstreiter. Bei ausgeprägten Verlustängsten ist es stets wichtig, dass eigene Selbstwertgefühl und Selbstbewusstsein zu stärken, so wie es hier bereits erklärt wurde. Des Weiteren ist es hilfreich, sich über Alternativen bewusst zu werden. Es hilft bereits eine ganze Menge, wenn ein Jobwechsel im Kopf durchgespielt wird und Bewusstsein dafür aufgebaut wird, dass ein Jobwechsel vielleicht sogar genau das richtige ist.

Weitere Informationen sowie kostenfreie
Bonusinhalte finden Sie auf unserer
Verlagswebsite unter:

www.cherryfinance.de

Weitere Bücher von Cherry Finance

Alles zum Thema Aktien und Depotverwaltung
auf über 200 Seiten.

https://amzn.to/2RLkAai

Lernen Sie Daytrading und die Basics der
Chartanalyse.

https://amzn.to/2RoSIJK

Auf 437 Seiten alles zum Thema Exchange Trade
Funds oder kurz ETFs erlernen und anwenden.

https://amzn.to/2RGRGYY

Wie beeinflussen Psychologische Faktoren die Kurse? Alles zu Trading Psychologie auf 497 Seiten.

https://amzn.to/2Rnfj9q

Das Cherry Finance Profi-Werk zum Thema
technische Analyse der Charts.

https://amzn.to/2TOskFX

Wie beeinflussen Psychologische Faktoren die Kurse? Alles zu Trading Psychologie auf 497 Seiten.

https://amzn.to/2Rnfj9q

Das Cherry Finance Profi-Werk zum Thema
technische Analyse der Charts.

https://amzn.to/2TOskFX

45309772R00123

Printed in Poland
by Amazon Fulfillment
Poland Sp. z o.o., Wrocław